# 鄉居散記

汪洋萍著

文學叢刊之一一五

文史哲出版社印行

國家圖書館出版品預行編目資料

鄉居散記 / 汪洋萍著. -- 初版. -- 臺北市：文史哲, 民 90

面： 公分. -- (文學叢刊; 125)

ISBN 957-549-372-9(平裝)

855 90011170

文學叢刊 ⑫⑤

鄉居散記

著者：汪洋萍

出版者：文史哲出版社

登記證字號：行政院新聞局版臺業字五三三七號

發行人：彭正雄

發行所：文史哲出版社

印刷者：文史哲出版社

臺北市羅斯福路一段七十二巷四號

郵政劃撥帳號：一六一八〇一七五

電話 886-2-23511028・傳真 886-2-23965656

實價新臺幣二四〇元

中華民國九十年七月初版



ISBN 957-549-372-9

# 自序

我歷任軍、公、教職四十餘年，屆齡退休，遷居臺北縣鶯歌鎮，環境清幽，陶藝業發達，有臺灣景德鎮之稱。距我家三百多公尺的「林長壽紀念圖書館」，有全國各大報及著明期刊百餘種，藏書豐富，是我休閒閱讀的好去處。子女各自立業成家。老伴年輕我十多歲，有份勞動健身的工作，早出晚歸。我過著安適自在的生活。

雖然沒有職務在身，沒有家庭負擔，我總覺得，自己支領國家退休俸，有一份國民應負的責任與義務，不能虛度歲月。我身體尚健，一面自修習作，一面參加文藝及社團活動，以增長見聞。九年來出版了五本詩文集，是我心靈的吶喊，步履的足音。

兩年前，我又將近期在詩刊、報章雜誌發表過及未曾發表的詩文作品加以整理，原擬出版一本詩文合集，卻因故一再延宕，作品愈積愈多，曾改編為詩集與文集兩本，隨即又獲浪波先生惠賜《文譚百題》詩文評論集，我邊讀邊寫心得。我讀完那百篇精美短文，也寫了百篇讀後感。於是，我編為《心橋足音》詩集、《鄉居散記》及《友情交響》文集，三本書同時出版。用同一〈自序〉，向讀者諸君傾吐我的心聲。我寫詩為文，是陳述我的真情實感，不是虛擬故事。我生長在貧苦家庭，少年失學，從事勞苦工作，生活艱困，又久經戰亂，看盡人間悲劇。我在生命旅程中體驗人生，觀察社會現象；從自修閱讀中探索歷史的演進，及宇宙的奧秘。

我的詩文是眼見世界人類，在加速奔向未來的途程中，險象環生，觸景生情的思維片段。是寫給社會大眾看的，希望與讀者作心靈溝通，獲得認同，以促使沉迷虛幻夢境者，回到現實人生，發揮智慧，付出心力，共同創造更美好的生活環境，及美好的人類世界。

我的這些詩文裡，沒有驚人之語，迷人之言及虛幻浪漫的情境，抒情敘事，直陳心意。審度當前的社會文化及文壇風氣，恐難獲不食人間煙火的詩文名家青睞；又趕不上潮流，不合新新人類的口味。儘管如此，我仍鼓足勇氣，將之結集問世，聊盡我的本分，以求心安。我也信心滿滿地認為，在這廣大的社會裡，不乏我的知音，一旦相遇，即可引起共鳴。在黃昏晚景稍縱即失的時刻，我肆無忌憚，將心思盡情傾吐，尋求知音！

當下詩文創作，流行突破與創新，求新求變之風銳不可當，詩壇尤甚。為了獨領風騷，各出奇招，相互較勁，以爭取桂冠榮銜，或為譁眾取寵，以博時譽。有些名詩人，將這一連串的競技過程，稱之為「玩詩」。其實，詩與文都不是玩的；而是表情達意尋求共識的媒介，溝通人際關係的橋樑，調和人際關係的潤滑劑，紀錄歷史流程的真象，以促進社會文明進步，達到和平安樂的理想。

回顧人類的生存發展史，詩與文均未發揮其應有的功能。詩文未收到精神食糧的最大效益，是詩人作家未盡到做人類靈魂工程師的職責。舞文弄墨者，玩詩文自娛以愚人，今甚於昔。如有權勢者，玩世自欺欺人：神權時代玩神權，君權時代玩君權，民權時代玩民權，資本主義玩財富，共產主義玩魔術。玩得遍地血腥，人性泯滅，危機四伏。有些詩人作家，被那些玩家，玩於掌股間，拿筆桿當槍桿，為當權者衝鋒陷陣，最後成了獨裁者的刀下冤魂。

人類從上古的洪荒原野，邁入文明世界的科技時代，不是玩出來的，而是務本求實的歷代祖先，竭盡智能創造出來，擇善固執世代傳承，一步步走出來的！以往那些玩家的浮光掠影，已煙消雲散了無痕跡。當今的玩家，在玩詩文，玩權術，玩科技，玩鬼神，玩得走火入魔，玩出一片亂象、險象，使芸芸眾生人心惶惶，憂心忡忡，已有億萬無辜蒼生死於玩家魔掌。

幸存者，能走出詭譎多變，險象環生的二十世紀時光隧道，即將邁進一個新的世紀，人們都滿懷希望。我寫詩為文，不求新奇搞怪，媚俗取寵，但求對事物的認知成長與成熟，以利經營人生，美化社會，增進大眾的共同福祉。我真心誠意地盼望，我們同舟一命的地球村民，能冷靜思考，發揮大智慧，妥善運用地球及太空蘊藏的資源，以相愛互助，節約惜福，共同締造美好的新願景。切盼我們的詩文名家和文藝工作者，善盡自己的職責，做群眾的嚮導，引領人類，邁向和平安樂的大同世界；切莫貪玩，以免玩火自焚，玩出世界末日。自知我的末日已近，但願人類世界，一天比一天光明燦爛，直到永遠！

二○○○年十二月二十五日於臺北縣鶯歌自宅

# 鄉居散記 目錄

# 大時代的見證

## ——鍾雷先生「拾夢草」詩集讀後感

鍾雷先生寄贈他新出版的「拾夢草」詩集給我，還親自簽名，加蓋他自己篆刻的陰、陽文兩顆印章，並稱我為詩棣，我深感榮幸，立刻展開詩集，用心拜讀。

這是一本現代詩與傳統詩的合集，分卷上卷下兩部分：卷上「拾夢草」收入現代詩五十一首；卷下「戎馬行」收入傳統詩六十五首。鍾先生在自序裡說：「自孩提而至今日，行過一世紀的四分之三，我當然也有很多很多往事：而使我最最不能忘懷的有如夢境的往事，莫過於八年抗戰、百戰疆場的那些憶念。」「這本詩集中『拾夢草』的新詩，與『戎馬行』的舊詩，也可以為那段如夢的歲月，留下一些片段而斑駁的『有詩為證』的回憶。」無論「新詩」或「舊詩」，都流露著他的崇高理想、愛國情懷，及雪恥復仇陣前殺敵的壯志豪情。

民國二十六年七月七日，日本發動「盧溝橋事變」，揭開了我國八年抗戰的序幕。日本帝國主義者，憑著富強的國力及強大的陸海空軍，試圖以「三月亡華」的狂言，對我政府逼降；蔣委員長以「以空間換取時間」的戰略，號召全國軍民長期抗戰，爭取最後勝利。這時鍾先生是一位十七歲的少年，在北平讀大學，響應領袖的號召，毅然投筆從戎，當一名二等兵。他豪情萬丈的説：「槍在我的肩膀，筆依然在我的手中。」他以槍保衛國家，以筆寫大時代的史詩。就在那年冬天，他們的部隊挺進至太行山麓，他寫了一首「山國之旅」二十八行新詩，最後兩段是這樣寫的：

疲憊的雙腿量過萬重關山，
讓歲月刻畫著憔悴的面容，
英雄夢牽引著無盡的狂想，
一萬本血債要向魔手中討還。

山國裡響著震天的怒吼，
灼熱的心靈沸著青春的血流，
聽鋼鐵的行列在咆哮，
齊唱著走啊向前……向前……向前走！

那時部隊為集結大軍進攻失去的重要據點、支援友軍或轉移陣地佈防，都是揹著武器裝備及乾糧日夜行軍，艱難困苦是可想而知；但不減其復仇雪恨的豪情。

在同一個冬天，他們部隊闖進王屋山區，他寫了一首「飛渡風門口」，我摘錄最後三段，讓讀者回到當年鍾先生與敵人搏鬥的現場，體會那生死一瞬間的情景：

聽吧！衝鋒號響了！
我們都上好了刺刀；
捲起黃昏的風沙，
搶關的攻勢像海潮！

機槍哈哈大笑，
野砲放聲怒吼；
白刀子進紅刀子出，
殺得你們片甲不留。

誰叫你們有眼無珠，
竟敢擋老子的路；
即使有銅牆鐵壁，
我們也要闖關飛渡！

民國二十七年春，他們的部隊到了晉南山區，他寫了一首「春訊」，前後兩段是這樣寫的：

春，眞的來了吧？
腳踝上的凍瘡在發癢，
棉衣裡的蝨子在喧鬧；

春，是眞的來了！

即使明天有一場大戰鬥，
我們也用不著擔心發愁；
且在今天享受個飽，
因爲春天眞的來了！

那時國家經濟困難，軍隊糧餉不足，戰士們衣單被薄，有時補給不上，缺衣斷糧是常有的事。春天來了，氣候日漸暖和，即使挨餓，不會嚴寒澈骨，所以他那麼高興。

二十七年冬，他在冀南戰地寫了一首「聞捷報」，我摘錄其中兩段如下：

好！讓我們舉起盃來，
向你們遙遠的祝賀吧！
戰友們，這一仗打得夠漂亮！

到明天，該我們的了；
我們將傳更輝煌的捷報，
讓全國上下都興奮得發狂！

在那個時候，全國上下什麼艱難困苦都不在乎，一心只為打勝仗，收復山河，將日本鬼子趕出國境。

不久他隨軍南渡黃河，路過故鄉，未得返家省親，他寫了「思母」、「懷七兄十一弟」七言絕句兩首：

## 一、思母

東征隨軍出河陽，遊子近鄉未還鄉；
遙憐老母倚閭處，白髮蕭蕭斷人腸。

## 二、懷七兄十一弟

烽火中原世局非，離巢勞燕自分飛；
相期各將先鞭著，不靖胡塵誓不歸。

詩中的七兄十一弟，是堂兄弟排名，就是他的胞兄弟。他們三兄弟都從軍報國，他的令尊已英年早逝，家中只留下他的白髮老母。他們兄弟移孝作忠，思及老母孤苦無依，怎不令他肝腸寸斷！

三十一年秋，他在魯南軍次，寫了「夜讀」七絕一首：

高城刁斗暗旌旗，鐵馬冰河入夢遲；

醉枕琱戈人不寐，挑燈夜讀放翁詩。

放翁陸游，是南宋的愛國詩人，金人南侵，國家阽危，他以復國興邦為職志，著有「劍南詩稿」。鍾先生眼看日軍踐踏我半壁江山，蹂躪我同胞，身在戰地夜難入眠，挑燈讀放翁詩，以舒展悲憤情懷，鼓舞克敵致勝的信念。鍾先生背著放翁詩行軍，可見其作戰不忘讀書。

鍾先生全程參加八年抗戰，轉戰黃河兩岸，大江南北，出生入死，累積戰功，次第擢升為師政治部主任兼政工大隊長，至師參謀長。在任師政治部主任期間，促進戰地軍民團結，獲得地方信任，曾擔任山東曹、單兩縣及河南虞城縣縣長。鍾先生為國家犧牲奉獻，也拓展了他個人光明燦爛的前程。

對日抗戰終獲勝利，付出了慘重的代價，也湔雪了百年來被列強壓迫欺凌的奇恥大辱，光復了臺灣，以血淚寫成中華民國的光榮歷史。這一頁辛酸史，經時間的沖刷，已被國人淡忘而沉迷於逸樂！現在住在臺灣的中國人，豐衣足食、住洋樓、坐私有汽車，沒有抗戰勝利那有今天。青少年們，整天喊著失落、蒼白、功課壓力大、沒有足夠的休閒場所，而夜遊、飆車、作姦犯科，真是身在福中不知福。我建議教育當局，責成有關單位，將鍾先生「拾夢草」詩集裡的詩，選一些編入各級學校教科書及社教教材，以提振人心，改善社會風氣。

抗戰勝利後，鍾先生奉命率部屬進駐徐州，擔任地方綏靖工作，以安定人心。他從輔導報紙、書店、電影院、電臺著手，推廣社教文化事業，曾聯合軍中及地方戲劇界人士，盛大公演抗戰間諜喜劇「虎穴」，大家推舉他的新婚夫人串演女主角，轟動一時。

鍾先生出身書香門第，國學根底深厚，大學唸的也是中文系。來臺後從事文化紮根工作，先後擔任中央月刊總編輯、孫逸仙圖書館館長、行政院文建會第二處處長、中央電影公司董事兼製片委員，及中國電視公司、中國電影製片廠、臺灣電影公司顧問、中國話劇欣賞委員會及中國戲劇藝術中心常務委員、中華民國新詩學會理事長。曾編著舞臺劇本十五個、電影劇本十九個、電視連續劇本十九集、廣播連續劇一集、長篇小說二本、中篇小說集二本、短篇小說集一冊，詩集、文學史及文學評論共十一冊。並曾擔任金馬獎、亞太影展及多項文藝、影劇獎評審委員。

他的文藝及影劇創作，多以歷史文獻及八年抗戰真實故事為背景，從他的筆尖迸出生命的火花，呈現堅貞的毅力，表現大愛的情懷，深具教育意義；沒有時下流行的搞笑、色情、暴力及怪力亂神的成分。曾獲中華文藝獎、中山文藝獎、國家文藝獎、中興文藝獎及編劇魁星獎等最高榮譽。

我於民國六十九年踏入文藝圈，參加了幾個文藝社團做見習生，參加各社團的文藝活動，得認識鍾先生。在我的感覺裡，鍾先生是位表裡一致，腳踏實地的文壇及詩壇的長者，所以我相信他的「拾夢草」詩集裡的詩作，都是真情實感的心聲。那些作品大部分是他二十歲前後所創作；鍾先生民國九年生，已七十八高齡，從他的作品看他的立身行事，始終如一，這是他令人尊敬的地方。他的「拾夢草」詩集，值得老中青的各階層人士閱讀。

（原載《秋水詩刊》九七期）

# 詩壇采風錄

## ——麥穗著「詩空的雲煙」讀後感

好友麥穗兄新著「詩空的雲煙」剛出版，即送我一冊，我細心拜讀之後，獲益匪淺，感慨亦多，有很多話想說，就在此一吐為快。

「詩空的雲煙」分為三卷：卷一「詩史・逸事」共收入二十二篇述事體散文，記敘了許多詩壇的秘辛史料，發人深省；卷二「詩話・話詩」有十七篇夾述夾議的興感之作，亦莊亦諧，趣味盎然；卷三「附錄」詳列「新詩」週刊（一—九四期）目錄、「現代詩」季刊（一—四五期）目錄、「詩誌」（第一號）目錄、「麥穗寫作年表」及「後記」。全書共三百頁，卷一、卷二裡三十九篇文章，都先後在各大報刊雜誌發表過的，曾獲好評，享譽詩壇。卷三所載「新詩」週刊、「現代詩」季刊及「詩誌」目錄，都是依各該刊當時目錄式樣編排，那些早已走入歷史，被人遺忘的詩刊，於今穿越時光隧道，重現我們眼前，彌足珍貴。從麥穗寫作年表裡，才知他在一九五〇年（民國三十九）年即已進入詩壇，在當時享有盛名的「野風」發表詩作。他是「中華文藝函授學校」第一期詩歌班培育出來的詩人。半世紀以來，他不但在詩創作方面豐收，先後出版了五本詩集，並在詩史資料搜集典藏，及對詩史的撰述補正匡誤，獨步詩壇。名詩人瘂弦讚譽他是「新詩歷史館館長」，張默稱他為「早期新詩史料的撞鐘人」，可見他在詩壇的崇隆地位，及對詩文化的貢獻。

五十年在歷史的長河裡，不算是悠長的歲月，而在我們這一代的五十年，所發生劇烈而巨大的變化，卻超過以往五百年，甚至五千年。這一代在臺灣的中國詩人，承受著國破家亡，國仇家恨的傷痛，內憂外患，風雨飄搖的現實中，肩負著承先啓後，振衰起敝的重大使命，非身歷其境，身經其事，實難以感受其中的辛酸滋味，也是身在福中的「新新人類」難以想像的情境。

在「詩空的雲煙」裡出現的詩人不下數百，茲就其對詩壇影響較深遠而被人稱道、議論與懷念或已被人淡忘者，加以引述。在「紀弦和他火種——『現代詩』有很大的因果，光復後的臺灣，因文字語言的驟變，使原本以日文創作的詩人作家，在失去發表園地的情勢下，被迫紛紛停筆。這時候有些因工作或就學渡海來臺的詩人作家（包括紀弦和覃子豪等），但因個人生活或政治因素，都將寫詩的筆擱置了起來，直到民國三十九（一九五〇）年政府遷臺後，文藝政策確定，創作路線有了方向，各種文藝刊物紛紛問世。」在這段青黃不接期間，紀弦主編過「新詩」週刊，創辦過「詩誌」詩刊、「現代詩」季刊，自稱是「新詩再革命運動」及「中國新詩復興運動」，隨後又創立「現代派」，作了「刊」和「派」的「頭家」。並提出「現代派六大信條」，主張「橫的移植論」，引發詩壇論戰，雖然紀弦於民國五十一年春宣告「現代派」解散，但詩壇議論，至今餘波蕩樣。紀弦在詩壇的功過是非尚難定論，而他為詩壇拓荒的精神，值得後人效法。他創辦「詩誌」，從社長到工友一手包辦；獨資創辦「現代詩」，「賣了一隻有紀念性的指環，一大包貴重的書，當了幾件冬天的衣服。」當後繼無力，面臨停刊時，還說：「不！不行！我還有一輛腳踏車可賣。我要犧牲一切，為本刊的繼續出版而奮鬥，直到餓死或凍死的一天。」麥穗在記述紀弦這段辛酸史時讚嘆說：「一個要養活八口之家的中學教員，在沒有補助和外援的情況下，憑一己之力，把一個刊物支撐了五年，實在難能可貴。」堪稱詩壇典範。我對紀弦「現代派」的「六大信條」不敢苟同，而他辦詩刊堅苦卓絕的精神，卻令人感佩。

在「有感於詩人之死」一文裡，麥穗感慨地說：「三十多年來，詩壇上也曾經凋零過不少傑出詩人，看他們風雲際會，也看他們風消雲散，真個是人世無常……就最知名的幾位寫詩朋友的過世，就有不同的際遇，給人很大的感觸。」我援引原著約而言之：詩人揚喚死後，詩友們為他開紀念會，發起募捐為他出版遺著「風景」詩集，成立「楊喚兒童詩獎」，寫兒童詩的林煥章讓他在兒童詩中復活；覃子豪先生逝世二十週年，他的故舊們為他舉辦盛大的紀念活動，豎立銅像，在報刊發表紀念詩文，為他出版全集；名詩人古丁因車禍逝世，文藝界為他舉辦空前盛大的追悼會，他的得意門生涂靜怡，為他出全集，撰寫「師生緣」在「秋水」詩刊連載五年，他逝世三週年，大群寫詩的朋友，冒寒風細雨往新竹青草湖畔墓前致敬。「如大家所熟悉的詩人盧戈、葛賢寧、林郊、吳瀛濤、陳慧等，在詩壇佔過一席之地。可是他們就沒有那麼幸運了……甚至在行政院文化建設委員會七十三年出版的『中華民國作家作品目錄』中的『逝世作家作品目錄』裡，都沒有他們的名字。這怎不使人為他們叫屈？」麥穗傷感地說：「我們有那麼多的詩團體、詩社，大家在詩風、詩理想中可以各自為政，但是為下一代留一份完整的史料一事，應該一起來做。圖書館、詩人紀念館不是一蹴即成的，我們大家一起來出版一部『中華民國詩人及作品名錄』（包括已故詩人在內），應該是不太困難的。我以為在詩壇具有領導地位的一些團體，如新詩學會、詩刊社等，大家合作提供資料，有錢出錢，有力出力，應該可以完成此一劃時代的創舉。」麥穗兄的宏觀與遠見，真不愧為「新詩歷史館館長」及「新詩史料的撞鐘人」，我願隨聲附和，竭盡棉薄，樂觀其成！

在「花錦實豐卅年——賀『葡萄園』詩刊三十週年慶」那篇文章裡，他說：「從民國四十一（一九五二）年由前輩詩人鍾鼎文、紀弦、葛賢寧等，借自立晚報創刊『新詩』週刊迄今，四十年來約有一百五十種大小詩刊問世，但是到目前為止，能維時十年以上，繼續出版不輟的大概只有『創世紀』、『笠』、『葡萄園』和『秋水』等幾份了。」由此可知詩刊的存活率極低，想成長茁壯更是不易。他簡述了『葡萄園』的誕生及卓立有成的過程：「『葡萄園』詩刊是由當年中國文藝協會和詩人聯誼會舉辦的『新詩研究班』十餘位結業學員，為加強創作活動而創辦的。當時臺灣的詩壇正籠罩在一片詭譎、混濁的風氣中，大部分讀者和作者，都被一股晦澀、虛無所困惑，漸漸遠離或甚至拒絕了詩，導致現代詩失去了多數讀者的同情而陷入孤絕。『葡萄園』詩刊同仁為挽回現代詩的聲譽，重建讀者的信心，於是提出『明朗化』和『普及化』的主張。」

「『葡萄園』以三十年的堅持，接受毅力和信心的考驗，為提倡新詩走向『明朗、健康、中國』付出極大的犧牲和奉獻。」「所獲得的成果，給予肯定和敬佩。」這並非應酬話或溢美之詞。我們看『葡萄園』已度過三十五歲生日，而且生命力仍在日漸壯盛，為詩壇增添了耀眼的華彩，為詩人開闢了一片廣闊的園地。

「林林總總話詩選」是為臺灣所出版的「詩選」做了整體檢驗的紀錄：「自民國四十年文藝創作出版社，出版了一本臺灣地區的詩選『現代詩歌選』以來，各式各樣的詩選已出版了數十種之多……除為當時詩壇的作品取向留下一些痕跡，並無任何代表性可言。而大部分詩選入選者必須自己負擔一份出版費，不願繳費者，編者可以立即刪除入選之作。由此可證明詩之好壞並不能決定入選與否，好詩也非入選之主因。」

「詩刊及詩社所出版的詩選集，以『秋水詩選』在編輯方面最為精緻；作品是從『秋水』詩刊創刊至六十期中，發表過作品的老老少少四百四十四位詩人的三千五百五十七首詩裡精選一百位詩人的三百零四首詩。除別具匠心的編排，清新悅目的字體外，每一位入選的詩人，無論名次大小資歷深淺，一律給其四頁篇幅，照片、小傳、詩觀並列，給入選者都有一份被尊重的榮譽。這是編者的胸襟開闊，亦為未來詩選集樹立了一個典範，令人敬佩。」在這裡我要補充一句：涂靜怡自「秋水」創刊至今，一直擔任主編，二十五年來按時出版，未曾脫期，出版過「盈盈秋水」、「悠悠秋水」兩本詩選集，選稿認詩不認人。

麥穗認為編詩選，尤其是「年度詩選」，應具有公信力，以歷史價值與學術價值並重之下，為現代詩在寶島臺灣成長過程，重建一塊里程碑。他不僅止於言論，並在默默地力行實踐。「詩空的雲煙」就是一部近五十年來的新詩發展史，而且是一部具有公信力的新詩發展史。我如此認定，是基於我這個圍繞詩壇的旁觀者的所見所聞；另一方面因其作者是個具有公信力的人。他長期服務林業界，先後擔任造林監督、伐木站站長及烏來觀光臺車站站長，一直居住烏來，為人行事家喻户曉，風評極佳。退休後當選烏來鄉調解委員會委員，並獲聘為許多單位的顧問，雖是無給職，他卻盡心盡力，為鄉親排難解紛，增進福祉，有口皆碑。

他將詩壇的過往雲煙，透過詩筆，呈現出亮麗的彩霞，予人美的饗宴、善的啓示，對詩壇而言，是一大建樹，也是一大功德。

（原載《秋水詩刊》九八期）

# 請看石與詩如何對話

## ——參觀臺客「石與詩的對話」藝文展

接獲國立中央圖書館臺灣分館林館長文睿的請柬，請參加民國八十七年八月二十一日上午十時在該館一樓展覽廳舉辦「石與詩的對話」藝文展揭幕茶會。這張精美的請柬，在一幅引人入勝的國畫山水風景、奇石、盆栽集景的圖案下，還刊載著動人心弦的「展出的話」：雅石是大自然的寶貝，詩則是詩人心靈的歌唱。一位詩人喜歡賞玩雅石，久而久之，自然而然，「石與詩的對話」於焉產生。

詩人臺客，喜歡賞玩雅石，最近幾年來陸續收集了不少雅石，他希望與石界、詩界的朋友一起切磋，於是有「石與詩的對話」展出構想並付諸實施。此次展出除展示數十顆全臺各地及大陸地區不同石種的雅石外，並將推出兩項副題展。一、兩岸詩畫聯展——展出大陸換腎詩人畫家章安君的石景國畫十餘幅。二、兩岸詩人手稿大展——展出兩岸三地共約百餘名詩人的精美手稿。

為迎接此一盛會，臺客並將於石展開幕當天同時推出一本賞石詩集《石與詩的對話》，歡迎各界朋友前往參觀、指教。

展出日期：八七、八、廿一——八七、八、三十

展出時間：每日上午九時至下午五時

臺客還在請柬上附註兩行小字；您的手稿亦將參展，歡迎前來觀賞。

臺客，本名廖振卿，一九五一年生，臺灣省臺北縣人。國立成功大學外文系畢業，曾任報社記者，現任職郵局，業餘主編《葡萄園》詩刊，現為中國詩歌藝術學會、中華民國新詩學會、中華民國藝石協會理事。曾獲一九九三年優秀青年詩人獎等，著有詩集《生命樹》、《鄉下風光》（童詩集）、《故鄉之歌》、《繭中語》（大陸版）、《石與詩的對話》。是詩壇中生代的菁英，藝石園地的後起之秀。

我們是詩園地裡的好友，又是街坊鄰居，兩家相距，近在咫尺，常相往來，如水之交，見面不是談詩就是賞石。我去他家，必先至他家門前的「石頭花園」賞石，每次都有不同的風貌與新的氣象。他家的客廳、書房、臥室、廚房、甚至洗手間，到處都是大大小小的奇形怪石。詩友們去造訪，必先引導至石頭花園及放置石寶的房間，面對石頭，一一介紹解說，如數家珍。有人說他是「石癡」、「石迷」；其實他一點也不癡、不迷，他只是把那些從各地尋訪請來的「滿腹經倫」、「沉默是金」的「石君子」，當成知己，相知相惜，相守相伴，相與心靈對話。

臺客不是一個沉於幻想的浪漫詩人，而是一個想從現實中實現理想的完美主義者。他是一個忠於妻子的新好男人，兒女心目中的好父親，盡職負責的好公務員，值得信賴的朋友。他因主編《葡萄園》詩刊，與大陸浙江投稿者章安君結上詩緣，而成莫逆之交，就想助他一臂之力，使他脫困解憂，發揮深厚的潛能，展現他生命的光輝。

章安君，筆名老狼，一九六四年生，浙江開化人，自幼天資聰穎，喜歡繪畫，一九八五年進入縣青少年美術宮工作。一九八六年突患腎功能衰竭，送上海第二軍醫大學醫院就醫，經腎臟移植手術，挽救了他的生命，他也從此背負著長期追蹤檢診治療費用的重擔。他憑著堅強的意志力，潛心致力詩、書、畫藝術創作，畫作曾多次入選省、市美展。現為中國詩書畫研究會會員、鄭州美術學院書畫研究會會員。他的畫作被臺、港及海外愛好者收藏。臺客將他的作品，送臺北市畫廊展售，並向詩友們推介，我也因此得與他結為相隔千山萬水的忘年之交，常有書信往還。他的確是位傑出的青年藝術家，才華及人品表現，都令我欽佩。

臺客「石與詩的對話」詩稿，曾於兩年多前交我校讀過一遍，我感到驚喜，期待他早日出書，往後卻未聽到提及過，想不到他在默默地籌辦一次雅石、詩、書、畫藝文展；這也是他一向做事默默耕耘，不尚浮誇的個性。

八月二十一日上午九點三十分，我就趕到國立中央圖書館臺灣分館展覽現場，展覽廳大門內外擺滿了恭賀展出的花籃、賀詞及讚頌詩，臺客伉儷正在展覽廳門口迎接佳賓。我是第一個在簽名簿上簽名留念的賀客及參觀者。詩友麥穗應臺客之請，正在忙著為展出作品全場錄影。

我仔細觀賞那些雅石、奇石，有的似曾相識，有的全然陌生，一個個都光鮮亮麗，安置在精心設計，量身定做的座盤上，配上精美的身分卡片，備載名稱、石種、產地及銘文，供人參考鑑賞。不像以前蹲在窗臺、牆角、門邊那副落寞的容顏。

那個名為「天鵝湖」的奇石，約數十公斤，呈蠟黃色不規則方形，頂端平坦，有一圓形凹陷，直徑約二十公分，深約十公分，是臺客在大陸旅行途中發現，以高價購買帶回。憑著他豐富的想像力，取名「天鵝湖」，注入大半湖清水，水面浮著兩小株翠綠的萍草，配置一對白天鵝嬉游其中，湖邊又置一小小涼亭。凝視那塊奇石，確似一座山，山頂那個「天鵝湖」就美景天成。賞石是一種心靈感應，重在意會，難以言詮。

「月湧大江流」，是一塊橢圓形黯紅色雅石，表面細緻光滑，上半部正中央，有一輪狀似浮雕的明月，周邊有若隱若現的淡淡雲彩；下半部有三條月白色的波紋，如月光照耀下的浪潮。乍看之下，像一幅名畫家筆下江上明月的壯麗美景。名畫天成，自然現象的神奇，真是不可思議。我在這塊美石前佇立良久，尋思答案不得其解。我們為人實應謙卑，崇尚自然，順應自然，保護自然。

像石猴、石獅、石駱駝、龜甲石、鶯歌石、女王頭石，不僅形狀維妙維肖，我們定神欣賞，似乎還能看出動感的神韻，感受到生命的象徵。較大的奇石、雅石，都陳列在桌、架上，小的美石及各類化石，都擺在櫥窗裡。那些大大小小的瑰寶，大部分都是臺客到處旅行，刻意搜尋，高價購買得來。

如大陸出土的三葉蟲化石、貴州龍化石、顎頭貝化石、魚化石、南非的蟬化石、德國的始祖鳥化石、印尼的木化石及臺灣南部的蚌化石，都形體完整形像清晰，彌足珍貴，是我們人類來地球生活的先行者，為我們人類繁衍綿延作見證。思念及此，油然而生敬意。

大陸浙江的青年詩人畫家章安君，這次寄給臺客五十餘幅詩書畫三位一體的作品參展，其中有些是臺客先寄美石照片及詠石詩稿由章安君臨摹作畫，書寫詩句，配成詩書畫三美的畫幅；有些是章安君實景寫生的畫作及自己寫作的詠畫詩。他是一位山水、花鳥、人物全能的國畫家，工筆畫細緻生動；潑墨、寫意予人寬廣的想象空間。他的行草書法，兼眾家之長而有自己的風格，勁拔而瀟灑。

章安君寄來參展的畫作，因受場地的限制，只選了三十餘幅替換展出。他是一位深具潛力的畫家、書法家及詩人。

臺客這次「石與詩的對話」藝文展，在文藝界起了些示範作用，產生了一些感染力。山水國畫大師牟崇松先生，水彩畫家又是名詩人王祿松先生，都提供了成名的詩畫作品參展。墨原畫會同門四姐妹薛雲（臺客夫人）、琇蓉、麗如和秀美，也提供多幅山水風景畫共襄盛舉，展覽會場真是琳琅滿目，美不勝收。

同時展出的詩人手稿兩大冊，其中國內詩人一百二十位，大陸、香港及海外詩人七十二位，都是臺客主編《葡萄園》詩刊，在所發表作品的原稿中挑選出來的，大部分都是熟面孔，見手稿如見其人，在墨跡中展現真性情，是詩人朋友們一次難得的心靈對話。

我參觀「石與詩的對話」藝文展回來，那些石的形象，詩的心音，書畫的韻味，一直縈迴腦海，總覺得有很多話想說，不知從何說起。於是，八月二十七日一大早，乘火車、趕公車，帶著筆和記事簿，到展覽現場親訪臺客，再參觀一次。臺客陪著我，我邊看、邊問、邊記，將心中想說的話，理出個頭緒來，務求真實，作為寫這篇小文的大綱、提要。

臺客《石與詩的對話》詩集，共收入奇石、雅石圖片九十二幅，詠石詩六十六首，附錄十四篇記述其尋石、賞石、結交石友、參觀石展、研讀石藝書刊雜誌的散文，傾吐他與石結緣的甘苦談。並在後記中說出他對寫詩、賞石的朋友們的期盼：「或許筆者的這本賞石詩集可說開了一個先例吧！希望以後有更多的詩人朋友們投身其中，寫出更多優美又富含深意的賞石詩。」

石是大自然精華的結晶，人類歷史的見證，《石與詩的對話》，就是詩人與大自然的心靈對話。我們看臺客詠「石鐘」這首詩：是誰擺置如許多的／大大小小的石鐘／在野柳岸邊／面對一片蔚藍海洋　海風徐來；彷彿／我聽到悠揚的鐘聲／不斷清脆的響起／叮叮咚咚，叮叮咚咚　傳說是一場世紀婚禮／海神下嫁惟一的女兒／但婚禮早已結束／石鐘的樂器卻未及收回這是多麼有韻味的與大自然對話，以「石鐘」詮釋一段神話的歷史。

再看「擎天柱」——詠磬棰峰詩：億萬年前的一場浩劫／高山傾頹／大地崩裂／萬物俱毀於足下　只賸下我／一柱擎天／站立於高高的燕山峰頂／俯瞰世界　天地浩渺／白雲蒼茫／幾千年風雲，不斷／從我的身旁流逝　臺客觸景生情，作「擎天柱」的代言人，詠歎地殼變動，滄海桑田的情景。

流落在南臺灣的恆春海邊，狀似美國前總統尼克森人頭側面的巨石，臺客有感寫詩詠歎，其中有這樣的詩句：你原居美國／爲何被拋棄於此／難道是背棄中華民國／所有人都指指點點／看來，人是不能做錯事　臺客的愛國情懷，躍然紙上，發出義憤之聲，尼克森有知，應感愧疚。

臺客賞石、玩石是受其三哥的影響。他三哥喜歡盆栽及雅石，在家中到處陳列、收藏，他耳濡目染，覺得十分有趣，繼而著迷，只要知道那裡有石展，他一定前往觀賞；看到玩石、賞石的書刊雜誌，一定買回來研讀。他三哥時常帶他到處尋找石寶，並傳授他尋石、採石、賞石的經驗、技巧及秘訣。他又廣結石友，切磋石藝，參加中華民國藝石協會為會員，並當選第四（本）屆理事，成為藝石專家。

他有事駕自用轎車出門、或在國內外旅遊觀光，都不忘尋石、採石、賞石及拜訪石友。兩年多前，他開車載文曉村和我去臺中市，參加詩友秦嶽公子的結婚喜宴，路過石雕、木雕名城三義，他帶我們去參觀他的好友劉福清先生開設的奇石店，看他賞石專注的神情，及與劉先生談石經神采飛揚的樣子，才體會到臺客時刻心中有石，才能以詩與石對話，而成為石之密友。

臺客這次展出的藝石，只是他收藏品的一部分，有些是他三哥提供。他們是個愛石、賞石的家族，經常兄弟、夫妻、父子攜手同心協力去尋石、採石、賞石，其樂融融。有關臺客尋石、採石、賞石、藏石的趣聞妙事，說也說不完，我這支禿筆也難以描述得傳神，還是讀者細細品味他的《石與詩的對話》詩集，會有意想不到的收穫。

（原載《葡萄園詩刊》一四〇期）

# 中華文化的傳人

## ——讀《文談詩話》的感想

河北省文聯主席潘培銘先生（筆名浪波），於一九九八年秋，隨「中國作家協會」代表團，來臺參加「兩岸詩刊學術研討會」。因日程緊湊，與會者眾多，而我又不善交際，拙於言詞，雖相處數日，未及交談。在開會過程及參觀訪問旅遊途中，他的儒雅風範，在我心中留下深刻印象。

他回去不久，我收到他簽名贈書，以兄弟相稱，使我喜出望外，興奮不已。我很用心地讀完《文談詩話》那本詩文集，發現他對詩文的立論及批評，與我的觀點相似，我慶幸有他這樣一位心靈相通的知己，情不自禁的寫了一封五千多字的長信，向他報告我的讀書心得，不久收到他的回信，言詞懇切，視為知己，並寄贈《浪波抒情詩選》、《神遊》、《春花秋葉》

三本詩集，及由河北省文聯創辦的《民間故事選刊》、《當代人》雜誌。幾度書信往還，使我有「海內存知己，天涯若比鄰」的快慰。

《文談詩話》共收入長短文一二二篇及詩多首，內容豐富，談文論詩，深入淺出，切中肯綮，是標示時弊之經典之作。從微觀到宏觀，從個體到整體，從過去到未來，環環相扣，觀照周全。全書分五卷：卷之一「編外文談」連「題記」計有短文七十三篇。都是他閱讀詩文或編輯任內審稿過程中所見、所思、所感的真情實錄，是至性、至理的肺腑之言。是為一個文化人盡言責，為中華文化克盡天職。

他在「文與道」那篇文章裡說：「『文以載道』這句話，如今被時髦的論者斥為陳腐的説教。似乎言文不可説道，説道難與言文，水火不容，形成冰炭。文與道有什麼關係？要一語道破也難。……先哲説：大道之行也，天下為公。」又説：「道可道，非常道。」文之與道，道之與文，實在是只有相互依存，相得益彰，進而臻於真善美的崇高境界。」那真善美的崇高境界，就是禮運大同篇所描述的：「大道之行也，天下為公。選賢與能，講信修睦，故人不獨親其親，不獨子其子，使老有所終，壯有所用，幼有所長，矜寡孤獨廢疾者皆有所養。……」的境界。是孔子的政治思想，是人類的理想世界，是孫中山先生革命建國之目的！

「道可道，非常道」是老子的「虛無」哲學思想，及「無為而治」的政治理念。那是天真浪漫的想法。如今「地球村」，有一百多個國家，數十億人口，為生存而競爭，追逐名利，人欲橫流，如果沒有倫理道德的生活規範，及相互依存的典章制度，那將會亂成個什麼樣子？文因道而生，道藉文而行，文以載道，道以宏文，其理至明。「時髦的論者」，眼昏花而心全盲，其情可憫，亦復可憎，難以與之言「道」。

卷之二「編餘雜説」計二十篇。他在「詩家情景在新春」這篇文章裡說：「詩在探索，詩在突破。我們看到，打破長期『左』的桎梏，冰雪消融，萬壑爭流，詩壇出現了空前的繁榮。但是所謂『古怪詩』的產生，不能不說是某種不健康思潮孕育的一個『怪胎』。這不是什麼『突破』和『探索』，而是詩的歧途，詩的倒退。」

臺灣詩壇，自五〇年代以來，雖無「左」的桎梏干擾，卻陷於縱的繼承及橫的移植、現代、後現代、前衛等流派的紛爭，在突破、創新、性氾濫的潮流中，多元化的「怪胎」也比比皆是。如此看來，海峽兩岸的中華文化的傳人，肩頭都承受著沉重的壓力。

卷之三「聽濤瑣話」共輯錄文詞優美而謙和淑世的箴言、警語四十六則，評文論詩，綜覽古今，引經據典，從作家、詩人的品德，詩與文的風格，及詩文流風對國家興衰的作用，對社會風氣的影響，娓娓道來，是賞析詩文的導論，也是創作詩文的指標。

例如：「讀古今詩，知古今事，察古今情，白樂天倡『為時而著，為事而作』，此決非一般的寫作經驗，而是關於詩歌的本質特徵的詮釋。」「高尚的人，純粹的人，才有可能成為真正的詩人。」「詩之品格，實乃人之品格」。

卷之四「北窗絮語」共有八個篇目。對詩人的品德及詩歌的藝術，作廣泛而深入的探討。他列舉詩人之死說：「屈原憂國而沉汨羅，死得悲壯；

李白窮愁而捉月投江，死得浪漫。」予以讚揚與同情。而對紅極一時的大陸「朦朧派」詩人顧城，逍遙異域，先殺妻而後自縊，給予嚴正的批判：「操斧頭殺妻於前，挽繩索自縊於後，不管顧氏的詩愛者做何解釋，這都是血寫的事實……詩人亦社會中人，在法律面前，在道德面前應當是與『愚氓』平等的。」一位名詩人，淪為殺人犯，所殺的是與他同床共枕的妻子，他何曾有過溫柔敦厚的詩心！他落得那樣的下場，不僅是他個人的悲哀及家門的不幸，也是他的詩迷及詩壇的恥辱。

他對「大躍進」、「文化大革命」等群眾運動，影響到詩歌文藝的生機與發展而興感嘆：「凡事怕就怕大搞『運動』，自上而下的號召、布置、全民動員，提到『無產階級政治』的高度，這就糟了！（此語在當年，則是典型的『右傾』言論。藝術規律在行政干預面前，真是『秀才見了兵，有理說不清』。今日道來輕鬆，彼時誰有如此勇氣？）「上有所好，下必甚焉」」「天上沒有玉皇，地上沒有龍王，我就是玉皇！我就是龍王！喝令三山五嶺開道，我來了！」毛主席在天安門親口御封的紅衛兵小將，奉旨造反，誰敢擋路，誰敢吭聲？無罪也得認罪。我體會到，他在現實大環境中，回想那些荒唐往事，滿腔憤慨，有不能暢所欲言的無奈。

卷之五「文字之交」共有二十二篇詩文。他在「關於新詩創作的對話——與劉潤為談詩」的對話中，有一段發人深省的警語：「現在的新詩是比膽大。誰寫得佶屈聱牙，生澀怪譎，誰就是好樣的，藝術上就高；誰敢露骨地描寫色情及其他頹廢、灰色的情緒，誰就是英雄，就出名。在這張牙舞爪的外表下，實際上掩蓋著才華的欠缺、知識的匱乏、思想的空虛、人格的猥瑣。」針砭詩壇時弊，一針見血，兩岸詩壇流行的歪風，又何其相似！

他在寫給我的來信中，特別強調，寫詩為文要「修辭立其誠」；又自我批評自己的作品中，也有「假大空」之作。我讀完他寄贈給我的《浪波抒情詩選》、《神遊》、《春花秋葉》三本詩選，可見其「修辭立其誠」的真情流露；其中那些「假大空」的作品，是他生存在那個時代，那種潮流中的保護傘、護身符。能逃過那次空前的劫難而存活下來的文藝工作者，莫不皆然。

他寄給我的《民間故事選刊》是華北地區十佳期刊，全國百種重點社科期刊，每期銷售十五萬冊以上，是傳承中華文化的橋樑與媒介。《當代人》月刊，是一本深耕農、工、商、政界的文藝月刊。該刊理事會理事名單中十九位理事，都是農工商業界的董事長或總經理及教育、交通主管單位負責人，將文化事業深耕廣植，使其生根、發芽、茁壯，是值得我們借鏡。

從浪波先生的作品中觀察其寫作的心路歷程，及其主持河北省文聯的作為，他不愧是一位中華文化的傳人。

（原載《秋水詩刊》一〇二期）

# 一位心懷大愛的詩人

## ——《郭廓詩選》讀後感

一九九八年秋初，我隨《秋水詩刊》同仁內蒙古詩之旅，在呼和浩特訪問參觀，開詩學研討會，與來自山東濟南的詩人郭廓先生相處數日。他在從臺灣、香港及大陸十幾個省、市相聚的詩人群中，凸顯出他那沉穩內斂而熱情洋溢的風範。在研討會中，他傾聽別人的發言，再結合自己的意見，深入討論主題的核心，形成眾人心聲的結論，使我印象深刻。

呼和浩特之旅結束，他回去後不久，寄贈一本《郭廓詩選》給我，並附有一封言詞懇切的信，希望我讀後，表達一點自己的意見。他是山東省濟南市作協副主席，如此虛懷若谷，令人敬佩。

《郭廓詩選》共收入詩作一百四十八首，分為五卷，卷五是散文詩。

他在「後記」裡説：「這是我的第五部詩歌選集，是近四十年創作生涯的一個縮影。」又在以詩（代自序）中，有這樣的詩句：「蘊藏心底的愛／銘刻骨子的恨／釀成一闋耐嚼的古曲」

我細嚼過全本詩集，看過他創作生涯的縮影，體會出他「蘊藏心底的愛」是關懷眾生及熱愛國家民族的大愛；「銘刻骨子的恨」是國仇家恨的恨。郭先生比我年輕幾歲，算是同時代的人，我們都經過對日本八年抗戰及國共相爭的那些刻骨銘心的慘痛經驗。郭先生比我更不幸，他又遭受「三反五反」的清算鬥爭、「大躍進」及「文化大革命」的摧殘，生命的黃金歲月，都在苦難中度過。所幸改革開放後，有抒發情感從事創作的自由。

他將自己比作一把「五弦琴」，彈出「童年的稚氣」、「少年的痴迷」、「青年的狂放」、「中年的堅毅」和「老年的沉思」。他在「願望」這首詩的前三段，表達出他的「痴迷」、「狂放」與「堅毅」：

我願用不銹鋼
鍛造一顆新的太陽

讓熱與力充滿一切角落
讓人生之路洒滿霞光
我願用合金鋼
澆注千條銀河在地上流淌
讓高速公路的鋼鐵波浪
推動著金色的希望遠航

我願用紫色的金屬
鑄出眞善美的銅像
讓那明眸射出的金矢
使假醜惡無處躲藏

他視「假醜惡」如仇敵，而「假醜惡」又偏偏環繞在他身邊；因為我們都生長在「假醜惡」狂飆的年代，我能體會他的心情，我能體認他的處境。要驅除「假醜惡」談何容易，因為那些魔鬼，總是披著「真善美」的外衣，唱著讚美詩歌，誘他信仰膜拜，使他難以察覺其「假醜惡」的真面目。

他是一位有愛心，關懷社會大眾生存發展的詩人。他在〈民工潮〉、〈寄生蟲〉、〈魔幻精品屋〉這三首詩的字裡行間，表達出自己的心聲：

〈民工潮〉詩分為六段，我摘錄前三段如下：

切莫把外出打工的人潮
比做泛濫成災的「面的」
蝗蟲般在城市軀體爬行
這是些樸實無華的蚯蚓
正以辛勤的開墾和耕耘
把社會板結的土壤疏鬆

從落後的窮鄉僻壤
湧向號稱黃金海岸的沿海

不是盲流　而是與命運抗爭

作者從制度面批評政府施政的缺失，為農民因生活困難，湧向城市打工，視為「盲流」，而被輕視抱不平。

〈寄生蟲〉這首詩共有四段，每段四行，我每段摘兩行，可見作者對社會風氣敗壞的痛心：

懷抱洋犬的妖艷女子
這是一種美麗的寄生蟲

夜總會是特殊交易所　有人
以色相對換貪婪與腐化

如今美女是闊老的寵物
慾豁深深　一擲千金

哪一掛大亨的花花腸子裡
沒有幾條蛔蟲寄生？

〈魔幻精品屋〉全詩七段，每段兩句，我摘錄前三段，就知「假醜惡」已形成一種「包裝」的流行文化，誘惑眾生，作者深感憂慮：

歌星經過精心包裝
轉眼變得大紅大紫

影星經過著意包裝
頃刻成了影后影帝

作家經過一番包裝
疲軟的書市靠性來刺激

這本詩選集裡的作品，表現出作者對社會大眾的關懷，對國家民族生存發展的責任心及使命感。其中抒情、寫景的篇章，都流露出作者的真情實感。沒有繾綣的兒女私情，沒有浪漫與頹廢的幻想，沒有置身事外的高調或譏諷。雖有些「假大空」的歌頌詞句，那是生存在當時大環境中的「保護色」、「防彈衣」，凡是能逃過「文革」一劫的文藝作家們，無不是賴以求生，讀者是可諒解的。

（原載《葡萄園詩刊》一四三期）

# 說往事訴心聲

## ——賀《秋水詩刊》百期感言

欣逢《秋水詩刊》創刊二十五週年，即將出刊一〇〇期，我這個《秋水》的義工（涂主編常在別人面前這樣稱呼我，誇獎我），其實，我是個不稱職的義工，也是個不長進的義工，對《秋水》沒有什麼貢獻，只是沉浸在《秋水》這股清澈的暖流裡，與她一起成長，和她的作者及讀者同步前進。我覺得很慚愧，也感到無比的欣慰。展望未來，有美好的前景，有待《秋水》園地裡的詩友們，攜手同心去開創，我當追隨其後，竭盡棉薄。

回顧二十五年前，國內的政治運動，文壇、詩壇上，現代與傳統的流派之爭，橫的移植與縱的傳承的門户之見，從未平息，朦朧的詩風一直擴散蔓延，卻美其名為突破、創新，而與人類共存共榮的理想目標，漸行漸遠。詩人與作家們，自命走在時代的前面，要扮演群眾導師的角色，究竟要將人類導往何處？令人費解，使我憂慮而耿耿於懷。凡關心國家社會，想造福天下蒼生的明智之士，都想竭盡心力，力挽狂瀾，開創人間勝境美景。

《秋水詩刊》就在詩壇砲聲隆隆，硝煙瀰漫中誕生。創辦人古丁先生，要「開闢一塊乾淨的園地……在寧靜中享受詩與美的人生，將名利放逐於詩國之外。」當《秋水詩刊》出版問世，一期比一期好，使文藝界的人士耳目一新。接著他又與得意門生涂靜怡等創辦一份《中國風》政論雜誌，針砭時弊，鼓舞民心士氣，提出廉能政治的主張，卻不見容於追逐名利，顛倒是非的狂徒，製造車禍，以拔除他們的眼中釘，掌上刺，那是民國七十（一九八一）年元月二十七日的事。《秋水詩刊》的涂主編，繼承恩師遺志，歷盡艱辛，苦心經營，使《秋水》盈盈悠悠成為一泓清澈的暖流，流遍全國，流向海外，流過海峽，溫暖了千千萬萬人的心，是他們心靈上涓流不息的源頭活水。

我是民國六十九年（一九八〇）年尾進入《秋水》園地，是《中央副刊》牽的線。我是《中副》的長期讀者，先後讀到涂主編兩篇得獎長詩：「從苦難中成長」及「歷史的傷痕」，使我非常感動，情不自禁的寫了一首「涂靜怡的情懷」百行詩投寄《中副》，很快就刊登出來。就在這時，我從臺東奉調臺北服務。涂小姐從《中副》打聽到我的住址，寫信寄書給我，要我為《秋水》寫詩。我收到她的信，才知道她的服務機關和我的工作單位，只有一街之隔，近在咫尺。我不敢造次去拜訪名重詩壇的女詩人，只打了一通電話向她道謝，並告訴她我已調職臺北。不久接到請柬，邀我參加《中國風》創刊茶會，就這樣與涂主編和古丁先生有一面之緣，也從此與《秋水》結上不解之緣。

兩個多月後，古丁先生因車禍去世，《秋水》斷了財源，涂主編失去了精神支柱，她憑著圖報師恩的決心，及堅苦卓絕的敬業精神，在燈下寫稿賺稿費，節衣縮食，放棄公務員升遷的機會，全心全力投入《秋水》這種深耕文化的良心事業，獨力苦撐了八年漫長的歲月。直到七十八（一九八九）年元月《秋水》六十期，在好友們的關心力勸下，改為同仁詩刊，以減輕她經濟上的負擔及精神上的壓力。

《秋水》同仁，是以詩情與友情相結合，相知相惜，相互砥礪，沒有名利之爭，十年來，《秋水》在安定中成長，雖有幾位同仁為發展自己的事業離開《秋水》，但不傷彼此情誼，仍常相往來，是《秋水》園地裡的詩友。

隨著政府對大陸開放探親，海峽兩岸可自由互通訊息，《秋水》的暖流，很快流到大陸各地，有不少大陸詩人向《秋水》投稿，《秋水》自六十期起，開闢「大陸詩人」作品之窗，予以篩選刊載，搭起兩岸文化交流的橋樑，我們的同仁，也在大陸各大詩刊發表作品，也有幾位在大陸出版過詩集及散文集，來往書信更是頻繁，情誼與日俱增，《秋水》詩情洋溢全大陸。

《秋水詩刊》創刊二十週年，大陸各地很多熱情的詩友，要為《秋水》慶生，邀請《秋水》同仁作一次詩之旅。於是，我們同仁一行七人，由涂主編率領，於民國八十二（一九九三）年十月二十日起程，從桃園中正機場經香港轉機直飛哈爾濱，再到北京、西安，全程十五天。並與大陸各地的詩友們事先約好，在以上三地定點聚會，舉辦慶祝活動及詩學研討會。那些在《秋水》詩園神交多年，初次見面的詩友們，那般真誠，那股熱情，那樣喜悅，非親身感受，是難以體會的。我將全程活動所見、所聞及心裡感受，寫成一本遊記體散文，附上實況攝影照片數十幀出版。

八十四（一九九五）年七月，瀋陽《詩潮》詩刊主編劉文玉、羅繼仁和編委李秀珊，應《秋水詩刊》邀請，來臺參觀訪問，為增進情誼，加強交流活動，兩刊締結為姐妹詩刊。第二年五月，《秋水》同仁應《詩潮》詩刊及大連市文聯邀請，作第二次詩之旅，遊覽大連、旅順等地名勝古蹟，文教設施，開座談會進行文化文流，並在瀋陽舉辦詩學研討會，由《秋水》發行人綠蒂和《詩潮》主編劉文玉共同主持，有東北四省的五十多位詩友參加，場面熱烈感人。並由遼寧省丹東市文聯接洽及辦理入境手續，去北韓首都平壤、開城及板門店停戰線上的非軍事區參觀訪問三天。坐上當年韓戰雙方停戰談判席位上，看到會場陳列的一些文物，就感受到當年談判的緊張氣氛。又看到一線之隔的雙方警衛人員，對峙嚴陣以待的情景，如身陷戰場。回程在北京、香港各停留兩天，與當地詩友們交誼談詩。全程十五天，是一次既知性又感性的詩之旅，有出乎意外的收穫。

去年（一九九八）年七月尾至八月初，應內蒙古伊克昭盟文聯和外蒙古文化界的邀請，《秋水》同仁作第三次詩之旅。先去外蒙古共和國訪問六天，受到熱烈歡迎，有內閣閣員、國會議員、大學校長和文化界領袖接待座談，談詩，談文化、教育、經濟、政治，談得那麼懇切、坦誠、愉快。參觀首都烏蘭巴托的國家歷史博物館、自然生態博物館及蒙古民族歌舞劇院，處處顯現中華文化的流風餘韻。暢遊哈爾哈林大草原，睡蒙古包，吃烤全羊。

在內蒙古鄂爾多斯與大陸各省、市前來相聚的詩友們，為《秋水》慶祝二十五歲生日，切蛋糕、唱歌、朗誦詩，熱情沸騰。又一同去憑弔成吉思汗陵寢、王昭君墓園，參觀喇嘛廟、世界最大的羊絨製品廠、露天煤礦及書畫展覽館。攀爬響沙灣峭壁、騎駱駝遊沙漠。為期六天，有談不完的詩情友誼，看不完的古蹟名勝及風土人情。

三次詩之旅，在我生命冊頁上，留下多采多姿的履痕。若不進入《秋水》詩園，那有這樣美好的機緣！我十分珍惜，心懷感恩，並虔誠的祝禱《秋水》的未來會更好！

在這三次詩之旅的過程中，使我深深體認到，人與人之間、族群與族群之間、國家與國家之間，只有透過文化交流相互接觸，才能增進了解，達成諒解，消除隔閡，減少摩擦，避免對彼此的傷害。十年來，《秋水詩刊》為促進兩岸文化交流，深耕廣植，遍及全大陸，連蒙古、新疆、青海、西藏，都有《秋水》的作者和讀者，也許是聲名遠播，回響熱烈，引起少數人的誤解及嫉妒，被流言蜚語中傷，連文建會的補助經費也被取消。我左思右想，無限感慨。

我在《秋水》先做義工，後來忝為同仁，共有十八個年頭，所見所聞，主編和同仁們均與人無爭，視所有詩刊為友刊，從主編選稿就可看出《秋水》無門戶之見，沒有流派的框框；別的詩刊或詩選，選不選我們的作品，我們也不在意；而關心詩壇，熱愛國家，《秋水》從不後人！

《秋水》創刊十五週年第六十期裡，涂靜怡主編所寫「掌聲之外」那篇四千多字的長文，她歷述辦詩刊甘苦的經驗談。她聽掌聲，會感到鼓舞，勉勵自己要做得更好，也因此增加了心裡負擔，承受著更大的壓力。有些愛護《秋水》的朋友，向她提出一些批評與建議，凡具有創意又符合《秋水》的原則與立場，她欣然接受；否則，雖能博取時譽及近利而違背了原則與立場，只有謝絕他的好意，但不傷情誼，仍是《秋水》詩園裡的好友。她說：「我們不標榜什麼，只默默地提供園地，讓詩友們嶄露才華。」「我們更未曾想過，要去與任何詩刊比，要在歷史上爭什麼樣的位置。」「歷史是要由後人來寫，而非今人未『蓋棺論定』就可以自己預先立碑的。」她謹記著古丁老師的話：「辦詩刊，要以平實為貴，只問耕耘、不問收穫！那樣才不會後悔，才能真正得到快樂。」涂靜怡主編就這樣默默地又走過了十年。她避開流行文化的侵襲，在雲淡風輕中努力耕耘，並且有所收穫而怡然自得。《秋水詩刊》創刊二十五週年，即將出刊一〇〇期，由同一位主編主持編務，兼理社務，從未脫期，是中國詩壇所僅見，世界詩壇所未有。我在這裡口出此言，不是要為誰吹噓什麼，而是根據事實，說明一個人能夠長期懷抱理想，堅持信念，不屈不撓的行事風格，實在令人敬佩。

中國詩歌藝術學會，於八十七（一九九八）年九月廿六、廿七兩天，在臺北市國立師範大學國際會議廳，舉辦「兩岸詩刊學術研討會」，有十一位大陸詩刊主編、詩人學者來臺參加會議，國內各大詩刊主編亦應邀與會。討論會中，共提出十九篇論文。涂主編以「永遠謙卑的《秋水》」為題，發表論文，歷述《秋水》創刊的經過，創辦人古丁先生辦詩刊的理念，她自己任主編廿五年的心路歷程。她在論文「結語」最後一段說：

「《秋水詩刊》是一本『有情』的詩刊，時代的腳步在加速邁向廿一世紀，流行文化正朝著原本就不很『安靜』的詩壇逼近，《秋水》未來要走的路，仍遵循古丁老師所立下的『開闢一塊乾淨的園地，供愛好新詩的朋友作歸隱式的吟哦，將名利放逐於詩國之外。』堅持古丁老師的理想，繼續努力。未來的《秋水》，走的仍是明朗、唯美的路線，不受任何外來的『不客觀』的指責，辦自己的詩刊，走自己的路。」這是她代表《秋水》向詩壇、向社會大眾所做的嚴正宣示。

《秋水詩刊》要把握原則，堅持立場，不是畫地自限，故步自封，而是要面臨挑戰，昂首闊步邁向廿一世紀。「謙卑」而不「屈從」，排除流行文化的干擾與阻礙，朝既定的目標，開創新的境界。《秋水》詩社的網站已上網了，藉以擴大《秋水》詩的園地，與廣大的詩友們交流詩藝，凝聚共識，為「詩」樹立新的形象，為「詩壇」開創新機運，為人類社會作更多的貢獻。我想，這是社會大眾所樂意見到的！

《秋水》一〇〇期是新的起跑點，詩友們！我們一齊繼往開來，為迎接新時代、創造新希望而努力吧！

（原載《秋水詩刊》一〇〇期）

# 一生追求理想的浪漫詩人

## ——《黃翔禁毀詩選》讀後感

大陸旅美詩人黃翔，應徵中華民國新詩學會〈詩迎千禧年〉徵詩入選，邀請其來臺領獎，並參加「詩迎千禧年詩歌朗頌會」。頒獎典禮及詩歌朗誦會如一九九九年十二月二十五日，在圓山大飯店國際會議廳舉行，頒完獎接著開朗誦會，三百個座位的會議廳座無虛席。會場外還有詩人書法展覽。

那天，我是會場服務人員，擔任來賓簽名的接待工作。因我參加各項文藝活動已十多年，來賓大部分都是熟面孔，穿著也都隨便，在貴賓中有位西裝革履，溫文儒雅的中年紳士，簽名黃翔，他的一幅參展草書立軸，正掛在簽名臺正面牆壁上，有幾位詩友請他在那幅書法立軸前合影留念，我才認識那位享譽國際的名詩人，但無暇交談。

會後，中國詩歌藝術學會秘書長也是《葡萄園》詩刊社長金筑兄，邀約文曉村、臺客、晶晶、王牌、林恭祖、傅家琛和我，於二十九日晚在天成大飯店，宴請黃翔先生，是歡迎也是歡送。我們雖是初交，一見如故，情同老友，言談間真情流露，相見恨晚，為娛佳賓，金筑、曉村、王牌、恭祖、家琛，都各即席獻藝吟唱詩歌，歡笑一堂，有如「春夜宴桃李園」。最後壓軸，黃翔先生朗誦他自己的兩首詩。朗誦到哀傷低沉處，使人迴腸盪氣；吟唱到悲憤激昂時，聲淚俱下。我們的情緒隨著他哀傷與悲憤起伏，眼裡噙著滾滾淚珠，是一次深沉的詩情交流。

散席回到家中已深夜十點多鐘了，宴會的情景仍縈迴腦海，無法入眠。我打開他送我那本《黃翔禁毀詩選》，一口氣讀完書中一九九頁詩文，感觸良多。他是一位天生的浪漫詩人，又有堅強的意志力及大無畏的精神，卻生長在思想空前禁錮的時代。他父親曾任國民政府東北保密局長，在遼瀋戰役被俘冤死獄中。他背負原罪「黑五類」的十字架，一路走來，備極艱辛。九歲時在一口井中撈獲一條死魚，因是「黑五類」被關進牢房。先後六次入獄，進出勞改場、集訓隊，計達二十年之久。在死亡邊緣掙扎、奮鬥，勇往直前，幾次險遭不測，因其命大始能死裡逃生。

他被迫無處容身，曾以當車工、礦工、種果蔬、採茶、拉板車維生。他雖身陷苦難，而浪漫詩人的性格不改，不斷的寫詩，在詩中表達他的情懷。我們看他寫詩的心路歷程：《黃翔禁毀詩選》中的第一首詩：〈獨唱〉

我是誰
我是瀑布的孤魂
一首永久離群索居的
詩
我的漂泊的歌聲是夢的
游蹤
我的唯一的聽眾
是沉寂

這首詩寫於一九六二年，他才二十一歲，傾訴出他的孤憤。

第二首詩〈預言〉，是他二十五歲時寫的：

我的詩
穿連著眼淚的珠串
掛在未來人類的胸脯
帶去前人的祝福
讓後代聽見歷史的浩嘆

他要為那個黑暗時代的歷史作見證。

〈野獸〉這首詩，寫於一九六八年，釋放出他胸中的怒火：

我是一隻被捕的野獸
我是一隻剛捕獲的野獸
我是被野獸踐踏的野獸
我是踐踏野獸的野獸

一個時代撲倒我
斜乜著眼睛
把腳踏在我的鼻樑架上
撕著
咬著
啃著
直啃到僅僅剩下我的骨頭

即使我只僅僅剩下一根骨頭
我也要哽住一個可憎時代的咽喉

那怒火終於燃燒起來，燃燒成擎天火炬：他夥同幾位好友，在北京城最熱鬧的王府大街，貼出第一期〈啓蒙〉大字報〈火神交響詩〉，隨後又在天安門廣場民主牆上，刷出兩幅醒目的大標語：「毛澤東必須三七分」、「文化大革命必須重新評價」，像霹靂響雷激發了改革開放的風潮。黃翔回憶當時的情境：「猛回頭，天安門廣場上人山人海。我突然感到，我的腦袋不在了。我神經質地摸了摸，它還安然在我的脖子上。」他們天天等著被逮捕，結果出乎意外，什麼事情也沒發生。後來他才知道，鄧小平需要利用民主牆對付他的政敵。他以這段輝煌經歷引以為榮。

一九七九年當局密令，不准發表黃翔作品，並全面封殺查禁。但他仍不停地創作，並在房門上書寫「停屍房」三個大字，形容自己是從地獄走回人間的人，他認為真正的詩人是不會死的。

黃翔的作品在市場上消失，他的名聲卻在耳語中傳揚，傳遍全國，傳進一位十七歲的女大學生張玲的耳裡，那是一九八三年的事。當她第一次見到黃翔，脫口而出：「你就是我在想像中一直期待的那個人。」他們墜入「柏拉圖式的精神之愛」。在世俗的眼光裡，他們不可能結合在一起。張玲（筆名：秋瀟雨蘭）生長在一個解放軍官的家庭「根正苗紅」，「她本身就是一首優美絕倫的詩」；而黃翔時年四十二歲，是「黑五類」，窮得一無所有，「只是一頭殘疾的詩獸」。當張玲向他表示愛意，「黃翔驚愕得手足無措，最初，他不敢接受這個純真少女的愛。『我不敢相信在這個追逐名利的世界上，會有這種純潔的精神之愛』。」張玲對一個又窮又老的反革命份子之愛，遭到社會上及家庭的反對，公安機關以刑事犯罪名逮捕了黃翔，企圖以「強暴少女罪」處以死刑。張玲為救黃翔，承擔了所有罪責，兩顆摯愛的心終於結合在一起。黃翔窮途末路，張玲靠幫人洗燙衣物謀生度日，同時也激發起黃翔創作的新高峰。熟識黃翔的朋友們都說：張玲是黃翔的「營養員」，沒有張玲就沒有今天的黃翔。張玲自稱是黃翔的「小保母」，叫他「寶寶」。她為黃翔的生命創造了另一高峰。

黃翔偕張玲旅居美國，張玲主持家計，他們過著恬適的生活，黃翔致力創作，選編詩文集出版，得到海外華人作家一致的肯定與推崇。普林斯頓大學教授余英時先生，贊揚黃翔的詩文，是這一時代最生動的史詩。黃翔旅居美國後，在新的生活領域中，創作詩風已變，理想的空間更為廣闊，我們來欣賞他的兩首近作：〈雪〉和〈書法〉

# 雪

——新澤西的冬天

天幕的灰色的溫馨
樹杈是鹿角紊亂靜穆

萬千雪花的鎳幣玎玲落地
迷濛的車影寂然無聲

尖頂的房舍孤立金字塔
人在暖和的深冬背後

爐火上沸濺一壺清純
淋旺躥出火苗的鄉愁

這首詩寫於一九九九年三月十四日夜。寫出他在異國安度寒冬的情境，撩起他思念故國的鄉愁。

## 書法

雪下得最濃的時候
我的筆浸滿了酒
隨意伏案塗鴉
潑下滿紙斑駁酒跡

血墨旋舞香醇的風雪
倏地綻開一樹梅花

雪下得最狂的一刻
筆醉得最顛的一瞬
一生追求理想的浪漫詩人

一幅草書震顫寂靜
四壁圍困雷霆

這首詩寫於一九九九年三月十二日，表面看來，他似乎是閒情逸致，看雪景揮毫盡興，其實在抒發他懷念故國的澎湃思潮。他雖在故國土地上受盡折磨與苦難，但他心中沒有恨只有愛。他在這本書的最後明白表示：「我決心對人類文化作出一個中國人應有的貢獻，特別是在詩學上的貢獻。」除此之外，他還追求他的社會理想：「『世界村』不同人種的人，都是同一家族的兄弟，都享有人的基本權利。全人類和平共處，共同在我們這個星球建設自己美麗的家園。」

我在遠隔重洋，為黃翔先生和他的夫人張玲女士祝福，也為全人類祝福！

寫於二〇〇〇年元旦

（原載《葡萄園詩刊》一四五期）

# 「兩岸女性詩歌學術研討會」之我見

「中國詩歌藝術學會」舉辦「兩岸女性詩歌學術研討會」，於一九九九年七月四日，在臺北市和平東路國立臺灣師範大學國際會議廳舉行。大陸方面應邀，由現任中國詩歌學會副會長，也是中國作協全國委員會名譽委員屠岸先生，率領團員十五人（女性十二位）來臺參與研討會。國內與會的詩人達一百五十餘人（其中女性四十九位）。並出版兩岸女詩人詩選，精選三十位女詩人作品（兩岸各十五位），厚達五二九頁，分贈參與研討會者參閱。

大會會長王祿松先生，在開幕詞中讚美女詩人，以推動搖籃的手，操持針線的手，製作出真理的衣裳，這一喻意典雅而貼切。

在研討會中，有八篇論文發表，內容涵蓋兩岸女性詩歌的發展史及現狀，女詩人個人創作的成就與風格，以及女性自我意識及女性主義議題等洋洋大觀。茲就我研讀八篇論文的心得及臨場見聞所及，依論文發表次序略抒管見。

第一位趙遐秋教授，現任中國人民大學教授。她的論文題是「釀成他獨創的甜蜜」副題——重讀《繁星》和《春水》。她解析冰心自「五四」新文學運動以來，在新文學方面的成就及開啓中國新詩史上「小詩的流行時代」。引介冰心於一九二二三年先後出版的《繁星》和《春水》兩本詩集。她說冰心的新詩創作，是受泰戈爾的《飛鳥集》的影響。那本詩集裡「都是很短的充滿了詩情畫意和哲理的三言兩語。她的心動了……。」是冰心寫一序列小詩的誘因，而形成「小詩流行的時代」。趙教授說，冰心的詩情是以「母愛為軸心，輔以童心與自然……」而形成「愛的哲學」。那些母愛與博愛的詩篇，限於篇幅無法舉例。她的《寄小讀者》散文裡，就充滿著大愛。我曾是她的小讀者之一。冰心有句名言：「有了愛就有了一切。」很遺憾的是：她的後半輩子，卻生活在充滿恨的大環境中，飽受折磨。改革開放後，她雖重拾彩筆，已時不我予，而以寬恕的心抱憾以終。

第二位李元貞教授，現任教淡江大學中文系。她的論文題是「臺灣現代女詩人作品中的語言實踐」。列出五個論點：一、簡明婉約的抒情語言：列舉涂靜怡等五位女詩人的作品，加以評述；二、直接描述的語言力道：選陳秀喜等三位的詩加以詮釋；三、意象的雙重呈現，流露「非一」的觀點：舉證林泠等八位的作品來説明；四、以隱喻爆破囚禁的現實：以羅英等五人的詩作突顯其論點；五、語言的實驗與開拓：搬上江文瑜的〈女人・三字經・行動短劇〉加以説明，連國罵（三字經）也朗朗上口。

李教授這篇論文，連參考書目共達六十三頁，是八篇論文中最長的一篇（其他七篇都在二、三十頁之間）。她的五個論點，其中二、三、四、五個論點，都是表述臺灣現代女詩人，在父權社會壓抑下的情緒反應，是女性主義者反抗父權的不平之鳴。在講評過程中，曾引發一些爭議。

詩人在創作時所描述的一些意象，往往與真情實景有很大的出入；而撰述論文者對引證詩作的解讀，又未必符合作者的原意，爭議性是難免的，凡是從事詩創作、閱讀及評論的詩人們，我相信都會有這種體認與感受。

所謂的父權社會與女性主義，及以女性主義解構父權的論調，說來話長，糾結難解。我在這裡提供一點淺見，長話短說：人類社會是由男女兩性組合而成，天生男女又有體能與生理的差異，女性承受著懷胎生產及哺乳養育兒女的艱苦重擔，男性應多加愛撫與疼惜。惟有男女雙方各善盡其本能，才可共同經營出美滿的人生，幸福的家及和樂的社會。如果男女兩性以對抗求解決問題，人類社會將永無寧日。

第三位呂進教授，現任西南師大中國新詩研究所所長。他的論文題是「女性詩歌的三種文本」。呂教授首先對女性詩歌的興起與發展做了概括的論述。他說，傳統女詩人如蔡琰、薛濤、朱淑貞、李清照、秋瑾等，只是古老詩國的一種點綴。在新詩史上有陳衡哲、白薇、方令孺、冰心等先驅女詩人。他說：「女性詩歌不必是個題材概念，但一定是性別概念。」

呂教授所論述的「女性詩歌的三種文本」是：女性主義詩歌、女子詩歌、超性詩歌。一、女性主義詩歌，是女性詩人表達性別的覺醒。一些評論者對女性主義詩歌的美學價值給予偏激的拔高和誇大，並試圖以這種文本遮掩與取代女性詩歌的所有文本；二、女子詩歌，顯得樂意打量別人，觀照外部世界，視野開闊，聲域寬廣；三、超性詩歌，好些女詩人，她們完全能與男詩人並駕齊驅，在天人古今無所不包的開闊天地裡尋覓與揮灑詩情。呂教授認為超性詩歌是視野更為開廣的女性詩歌，對女性詩歌文化內涵的提升，提供一份思想資源。

第四位洪淑苓副教授，現任教臺大中文系。她的論文題「詩心・佛心・童心」——論敻虹的創作歷程及其美學風格。她將敻虹的創作歷程分為：「一、少女情詩期」，自十七自二十七歲，主要作品《金蛹》，詩情纖柔婉約；「二、婚後牧歌期」，自二十八至三十八歲，有《敻虹詩集》及《紅珊瑚》的大部分作品。寫愛情、婚姻、鄉情、親情、友情，從如此多面向的生命情調中，又催生出童詩的萌芽；「三、學佛初始期」，自三十八至五十歲，先後經喪母及產子夭折之痛，虔心向佛，發願茹素，體悟人生，浮現「空」的人生觀；「四、學佛成熟期」，自五十歲以後，獲東海大學哲學研究所博士學位，為《普門》月刊撰稿，宣揚佛教精神，又任教佛教的西來大學，先後出版《觀音》、《稻草人》童詩。兼顧出世與入世的追求，呈現佛與詩的生命之光。

第五位宋穎豪教授，曾任教輔仁、東吳等多所大學，教授美國文學、詩選、翻譯等課程。他的論文題是「浴火的鳳凰」——試探辛波絲卡的「詩」路歷程。辛波絲卡是出生波蘭的女詩人，現年七十七歲（一九二三年生），著有詩集十七本，曾榮獲一九九六年諾貝爾文學獎。宋教授將她的創作歷程分為：一、摸索與憧憬時期（一九五四年以前）：她曾憧憬共產主義的夢想，創作歌頌社會主義建設為主題的作品。後來她省悟而愧疚地說：「這些都是我年少輕狂所犯的無知錯誤」；二、無奈與隱忍時期（一九五四—一九七五），她開始探索新的方向，運用諧趣與自嘲的手法，表達對世人的關懷與同情。她相信西方文明存在共通的語言與倫理觀念。《和石頭對話》的詩作，是她的處境與心境；三、諷喻與抗議時期（一九七六—一九八六），由於政治禁忌消除，她以高分貝作品批評時政及社會風氣；四、批判與期盼時期（一九八九年至現在），她以詩作鼓舞重建家園及塑造明天的願景，引起共鳴，她的詩壇令譽已達顛峰，因而榮獲諾貝爾文學獎。

第六位樊洛平副教授，現任教鄭州大學文化與傳播學院。她的論文題為「繆思的飛翔與歌唱」——海峽兩岸女性主義詩歌創作比較。樊副教授說，本是同根同源的女性詩歌沿兩岸的創作路線再出發，在不平衡的發展態勢中又產生了諸多驚人相似的詩歌現象。臺灣女性詩歌的先行飛翔與大陸女性詩歌的滯後滑落形成了強烈的反差。臺灣女詩人以堅持女性詩歌創作和接受西方現代文學影響的雙重姿態登上文壇。而在大陸方面，五、六十年代的詩歌對延安解放文藝傳統的延續擴張，服從社會需要，對性別意識的淡漠，造成這一時期女性詩歌的寂寞狀態。改革開放後，大陸的女性主義詩歌表現出比臺灣更為闊大的創作視野。

樊副教授最後總結說：「海峽兩岸半世紀以來的女性主義詩歌，以其思想的前衛性和藝術的多樣性為中國新詩注入了豐沛的活力。……還是在同根同源的民族心態與文化背景上，相互借鑒詩歌創作經驗，海峽兩岸的女詩人都會有著共同的話題，彼此的收益。」但願如此。

第七位何金蘭教授，現任教淡江大學中文系和法文系。她的論文題是：「女性自我意識：主體／幻象／鏡像／主體。」——剖析蓉子《我的妝鏡是一隻弓背的貓》一詩。她認為在歷史上，女性都貶為男性的物件，女性只是男性的「另一身」，否定女性自己有本身主觀性及對本身行為負責的權利。何教授說，在臺灣女性意識於八〇年代末期才被大力推動。如郭良蕙的《心鎖》和李昂的《殺夫》這兩部小說，都是具有顛覆性的文本。九〇年代以後，現代詩女性文本中出現許多赤裸的手法來表達的主題，列舉阿翁的作品《肉體》一詩，女主角寧願「沉淪」，讓「天地」、「父母」或「家國」離棄亦無所謂。像這樣的自暴自棄自我迷失，又如何提倡女性主義，爭取男女平權呢？何教授引用三十二種參考書的論述，來詮釋「女性自我意識」及蓉子的《我的粧鏡是一隻弓背的貓》。為求周延，旁徵博引，用心良苦。

其實，女性意識的情緒反應，非提倡男女平權的良策。只有男女雙方在家庭及社會共同生活中，從權利義務兩方面，做互補的調適——「相敬如賓」、「琴瑟和鳴」，才能奏出美好的樂章；任何一方擺高姿勢、提高分貝，都會使美好的樂章變調。

第八位巴莫曲布嫫，是位彝族女詩人，現任中國社會科學院少數民族文學研究所副研究員，一九六四年生，是八位論文發表中最年輕的一位。她的論文題是「傾聽一種聲音」。她所傾聽的一種聲音，是少數民族女詩人的聲音，也是漢民族與各民族、主流文學與非主流文學的多方面強力碰撞的聲音。她尊重不同文化的差別、多種生活方式的價值，強調尋求理解與溝通。由共識而互助，以達共存共榮的願景。

最後她說：「因為歷史選擇了我——而我選擇了詩歌與彝學。作為詩人、抑或作為學人，彝文化基質塑造了我文思的翅膀。我想彝學研究（屬於人類學範圍）為我的詩歌創作發生了內在的張力，成為一個學者形象的作家，即是我選擇的一條通往生命之極直抵寧遠之境的路……。」她這種宏觀的胸襟懷抱及敬業精神，令人敬佩！也值得所有的詩人、作家和學者們效法。

論文發表會的兩位主持人馬忠良、楊昌年和八位講評人文曉村、向明、白靈、秦嶽、陳瑞山、麥穗、趙衛民、林佩芬，都是詩壇俊彥，為所發表論文畫龍點睛，語出詼諧，釀出濃郁的學術氣氛。參與者言詞真誠，會後相互交談，笑聲盈耳。像這樣的詩歌學術研討會，希望能在兩岸定期舉行，以促進文化及學術交流，形成共識，達成以中華文化統一中國的共同願望！

（原載《秋水詩刊》一〇三期）

# 「詩與人生」詩學研討會

中華民國新詩學會，於一九九九年十月十四、五兩天，舉辦宜蘭冬山河，香格里拉農場之旅，並在農場開「詩與人生」詩學研討會，我很榮幸受邀請參加。參與者有向明、辛鬱、林煥彰、蓉子、涂靜怡、宋后穎等三十餘人，由王理事長吉隆領隊，乘遊覽專車出發。

好山好水好天氣，吃野味大餐，住別墅旅館，與詩壇好友暢談「詩與人生」，有人比之為李白「春夜宴桃李園」；有人比之為王羲之「蘭亭修禊」，時值十月小陽春，其情其景，足與媲美，實勝一籌。

研討會開始前，每人發一張以電腦列印名銜的「詩與人生」詩學研討會發言綱要用紙，可見承辦單位設想認真周到。我觀察全場詩友，似乎都是「成竹在胸」，有備而來。研討會由王理事長親自主持，為爭取時間，使與會者有均等發言機會，依座位順時鐘次序進行。各抒己見卓識，掌聲頻頻，氣氛熱烈祥和。王理事長説，要將發言人提出的論文及講述精華，彙整後送報刊發表，我就不在此重複會場發言內容。謹將我個人對「詩與人生」的看法略陳如下：

## 一、發言綱要：

㈠詩是人生的縮寫，人生是詩的素材。

㈡詩的本質要溫柔敦厚，詩的標準是真、善、美。

㈢詩人寫詩要追求完美，立身處世也要追求完美。

㈣詩人先要追求自己完美，再期待別人完美。

謹奉上程顥〈秋日偶成詩〉感懷加以詮釋，請詩壇先進指教。

## 二、讀程顥〈秋日偶成詩〉感懷

程老先生
您爲官治學及日常生活
一行一動都從容有序
夜晚安心入睡
醒來已旭日東昇
您以寬宏的胸襟
體察萬物相生並育
看季節變換的美景
與芸芸衆生
有相同的興致

您知道天地間
有形事物的必然現象
領悟那些無形的哲理

探討多變的自然生態
著書立說教育群眾

您提供做人的訣竅
得意不能放浪形骸
失意時要樂觀奮鬥
如此立身處世
就是有志氣的人

程顥先生這首詩，可說是表達出「詩與人生」的最高境界；只是「富貴不淫貧賤樂，男兒到此是豪雄。」的語意，已不合時宜，不夠允當與圓融。我賦予其新的時代精神，詮釋為：「得意不能放浪形骸，失意時要樂觀奮鬥。如此立身處世，就是有志氣的人。」以勗勉世人。

## 三、附程顥〈秋日偶成詩〉原文：

閒來無事不從容　睡覺東窗日已紅
萬物靜觀皆自得　四時佳興與人同
道通天地有形外　思入風雲變態中
富貴不淫貧賤樂　男兒到此是豪雄

## 四、備註：

程顥北宋名儒，官至監察御史，與其弟程頤合稱二程，世稱明道先生，著有《識仁篇》、《定性書》，其遺文語錄，合在《二程全書》中。

這次「詩與人生」詩學研討會，深具意義，希望能蔚成風氣，將當下「詩情氾濫」的浪潮，導入詩的主流，使詩與人生相結合，以呈現真、善、美於詩壇、於社會，那該是多麼美好的世界，多麼美好的人生啊！

（原載《秋水詩刊》一〇四期）

# 我的期盼與祝福

中國詩歌藝術學會，於一九九八年九月二十六、七日，在臺灣師範大學教育學院二樓國際會議廳舉辦「兩岸詩刊學術研討會」，為期兩天。大陸的詩刊主編、學者、詩人，應邀來臺參加研討會者共十一人，提出論文八篇；臺灣各詩刊（社）提出論文十一篇，出席學術研討會者共達三百餘人，盛況空前。會後參觀故宮博物院，又去日月潭及中橫公路觀光遊覽三天。我忝為中國詩歌藝術學會理事，應邀全程參與，深感榮幸，獲益良多。

在「兩岸詩刊學術研討會」中，所提出的十九篇論文，都是名家執筆，各有代表性。由撰寫人上台宣讀，主持人引言，講評人評論，與會者踴躍發言，熱烈討論。會議進行流暢，秩序井然。雖然論文內容互有歧異，發言者各有卓見，展現學者風範，氣氛融洽，掌聲連連，是一次成功的學術研討會。研討會結束後，我又將那十九篇論文，一一用心精讀，加以圈點註記。茲將研讀心得，綜合簡述於後：

這次提出論文的內容廣泛，涉及整個詩的時空領域：從詩經探源，歷述朝代流變，直至新世代及網路詩的現狀與趨勢；概括臺灣本土詩、中國傳統及現代詩與西洋詩的相互影響；從各種不同領域，不同層面，不同角度，以人文為依歸的總體檢驗。我體認到若干共識，歸納為兩點：

一、詩是諸多文體中最精緻的一種，是表達思想、情感的媒介，溝通人際關係的橋樑；不是玩弄文字遊戲，幻想夢囈或發洩情緒的胡言亂語。

二、詩人是站在時代的前面，引領世人邁向文明，尋求幸福；不是自我陶醉、自我膨脹、自我毀滅的倡導者。

有此共識，是這次「兩岸詩刊學術研討會」的最大收穫。會議結束，是行動的開始，是新希望的起點。我期盼這次參與研討會的詩人朋友們，各盡所能，攜手同心，為人類開創真、善、美的新領域。

在三天的旅途中，我們欣賞自然美景，各抒情懷，歌聲、掌聲，仍縈迴我的腦海。我也唱了「把握人生的方向」及「祝你幸福」兩首歌，與詩友們相期共勉，互祝珍重！

（原載詩歌藝術學會會刊第四期）

# 尋詩之旅

中國詩歌藝術學會舉辦「兩岸詩刊學術研討會」，會議結束後，招待大陸來臺參加學術研討會的十一位詩刊主編、詩人作家，遊覽寶島風光，參訪沿途文化學術單位，我很榮幸應邀隨行。

我們一行二十八人，於一九九八年九月二十九日早晨七時，在臺北市和平東路師範大學教育學院門前，乘一輛觀光大巴士，經北二高上中山高速公路，第一站到臺中市，由《笠詩刊》主編岩上先生和《海鷗詩刊》總編輯秦嶽先生引導，參觀臺灣工藝節臺灣省手工藝研究所二十五週年慶展覽會。會場展出的金工、石材、染織、陶瓷、絹印、竹工、木雕等手工藝品琳琅滿目，我們因行程安排緊湊，只能走馬看花，留下美好的印象；而那張精美的折頁《工藝工房導覽》底面的一首小詩，使我對傳承手工藝的前輩和新秀心生敬佩之忱。我將那首小詩摘錄於后，與讀者分享：工藝創作是條漫長孤寂的路／多少前輩顛躓的走來／而我們知道／我們將繼續走下去／當熱鬧歸於寂靜燈光不再閃動／是一種執著／我們繼續／傳承這執著。

我離開工藝品展覽會場，即前往明道高級中學參訪。明道中學是一所私立學校，二十九年前以十四萬元新台幣創校，由汪廣平校長苦心經營，目前已成為全省最具規模之現代化高中，共有學生一萬二千餘人。我們參觀教學及行政中心五座大樓，軟硬體設備，不遜於各公私立大學。最值得稱道是：該校興學育才，特以「誠實、孝悌、克己、自強」為校訓，倡導「德育為本，群育為用，五育並重」的全人教育，並卓著績效：參加大學聯考升學率高達百分之九十七以上；教育部特選該校為改進高中教育中程計劃之重點學校；工商職各類科，教學評鑑均得優等，技藝訓練曾多次榮獲建築、汽車修護全省評鑑第一名，並代表國家參加國際技能競賽，迭獲佳績。又經教育部評鑑電腦設施，特准撥給學術網路專線，同時建立明道全球資訊網。創辦《明道文藝月刊》二十一年，獲頒行政院新聞局雜誌金鼎獎七次、文建會及國家文藝基金會優良刊物獎。並得文建會資助和中央日報共同舉辦全國學生文藝獎十六屆，《明道文藝》成為培養文藝作家及詩人的搖籃，享譽全國。

汪廣平校長，於三年前功成身退，由董事會遴聘他的公子汪永大博士繼任校長，承先啓後，並建立教學，研究、服務並重的責任教師制度，又制定中程發展計劃。從明道中學看到中華文化的現代化及光明的前途，我相信這也是全世界的中國人所樂於見到的。

參觀結束，該校招待午餐，是餐飲科學生實習調製的美食。學生穿著整齊的作業制服，依照高級餐廳正規的招待我們，是一次非常豐盛的饗宴，老校長汪廣平先生和年輕英俊的新校長汪永大博士，陪我們一起用餐，席間談笑風生，這是兩岸文藝學術界一次深具意義的文化交流。並贈送我們每人《明道文藝》、《明道校史》、《明道高級中學》彩色精印重要的硬體設施及教學活動圖片各一冊。在《明道高級中學》首頁刊載校歌：「大勇生於大智，求智原為求仁，不惑不憂不懼，全憑無間精誠。明道首重明倫，明德進而新民，事事止於至善，人生意義乃明。」真是醒世箴言，勵志良方。走進明道中學校門，舉目所見，都展現著中華文化的風采，儒家思想的精神，我們同感歡欣，喜形如色。

在道別聲中，我們登車直駛日月潭。岩上先生已安排好遊艇，請我們環湖遊覽。日月潭是臺灣最大的天然淡水湖。這個內陸湖竟有潮汐奇觀，潮差高達兩公尺，滿水面積八．三平方公里，高潮時海拔七四八公尺，水深處二十七公尺。可供遊憩泛舟，游泳競技，龍舟比賽，是個揚名國內外的觀光景點，遊客四季絡繹不絕。並在潭邊與建地下明潭抽蓄水發電廠一座，平均年發電量約五億度。日月潭不僅風景優美，還有高貴的內涵。

正值雨後初晴，艷陽西斜，我們觀光遊艇繞潭一周，水面波光粼粼，舟艇穿梭其間，鷹燕鷗鷺臨空翱翔，岸邊蘆花飄蕩，樹影搖曳，群山環繞，叢林蒼翠，高樓低舍點綴其間，是人間，是夢境，撩人遐思冥想。大陸來的貴賓，第一次光臨寶島，都沉醉在日月潭的秀麗景色中。

臨別時，岩上先生又贈送我們《笠詩刊》及一組六張彩色精印的書箋，以磚、雲、霧、弦、楓、茶為題並配上實物圖象的小詩一首，為我們的遊興更添詩情畫意。其中「茶」是這樣寫的：用滾燙的水泡出／溪間的音籟和山野的滋味／你我啜一口，傳流／葉葉手拈的溫香／乾縮之後的膨脹／全在笑談中／轉瞬了浮沉／有的苦有的甘／都是提醒　捧讀那一首首小詩，哲思在我心湖裡蕩漾。

告別日月潭，我們向中橫公路進發，已安排好夜宿中途站谷關。這是我第三次行經中橫公路，每次來到這裡，觸景生情，就會想起蔣前總統經國先生和那些退除役官兵開路英雄。名記者劉毅夫曾寫過一篇文章：《經國先生冒險犯難——征服了中央大山，走出了橫貫公路》。那時經國先生任行政院國軍退除役官兵輔導委員會主任委員，在山地同胞引導，林務局長和工程專家隨行，勘察路線，從臺中出發，經過八天攀崖走壁，餐風露宿，踩過了建築中橫公路的路線。今天我們乘大汽車奔馳在這條雙向高級路面上，飲水思源，怎能忘懷前人的恩澤！

車抵谷關，已經夜幕低垂，萬家燈火。我們住宿的谷關大飯店，樓下餐廳，樓上客房，十分方便，雖不豪華，但很雅潔。晚餐後我們三、五結伴，走過大飯店旁邊那條長長的吊橋，到對岸去逛街。吊橋上裝有彩色霓虹燈，像一支彩虹箭，在我們頭頂上飛來飛去，在夜空裡給人一種神奇的美感。谷關是個崇山峻嶺中的村落，兩岸街上有百十家店鋪，都是做觀光過路客生意，以經營旅館，餐飲食品及土產紀念品為主，民情純樸，環境清幽，是人間一片淨土，給我們留下美好的回憶。

第二天早晨七時，我們登車出發，目的地是花蓮市，座車在懸崖峭壁上緩慢前行，穿過大大小小山洞，忽而車像雲海中的游龍，忽而又像雲端的人造衛星，眼前情景變化萬千，目不暇接，我只能以「奇美」二字來形容了。

到達花蓮市，當地詩友陳錦標、葉日松和臺東遠道而來的詹澈遠，來迎接我們。花蓮盛產大理石雕刻製品及多種奇石、美石，市區內奇石館及大理石製品工廠林立。詩友秦嶽在花蓮市中學任教多年，對賞石、玩石也是內行，由他帶領我們參觀一家頗具規模的石藝製品展售店，有實用的大理石家具及供欣賞的玉石、奇石雕刻藝術品，琳琅滿目，使我們大飽眼福，也有人買些便於攜帶的珍玩留作紀念，或贈送親友。

離開石藝品展售店，即前往花蓮縣立文化中心參觀。直轄市及臺灣省各縣（市）都設立文化中心，是國家十大建設完成後，再推行十二大建設中的重要項目，由中央政府統籌經費設立，以推展基層文化建設工作，辦理各項社會教育及文化活動，是以圖書館為主的社會教育機構。花蓮縣文化中心的黃主任涵穎，年輕端莊，說話風趣幽默，熱情洋溢，她先為我們作簡報，並放映幻燈片，使我們對該中心軟硬體設施、工作概況及未來的展望，能大略了解。然後親自引導我們參觀展覽室、非洲文物館、石雕庭園、閱覽室、視聽室、演藝廳、圖書館，一一為我們解說。並計劃運用該縣豐富的石礦資源，結合地方觀光事業的發展，極積籌建石藝博物館，並拓展文化交流空間，已安排內蒙古歌舞團在該中心演藝廳演出。又出版《洄瀾文訊》月刊，已發行一四八期，報導影片欣賞、展覽及演藝活動、講座、兒童天地等文化活動。黃主任為文化播種、扎根、推廣工作，滿懷理想、信心與自我期許。這次從大陸來的十一位貴賓，都是各階層文化界的領袖人物，他們對臺灣寶島的文化景觀，都留下美好而深刻的印象。

夜宿漢祥大飯店，晚餐後各自相約展開活動，對花蓮這個別具風格的鄉野都市去尋幽攬勝。

次晨七時開車上路，踏上歸程。先至市郊的海濱公園，觀賞日出美景。海堤內的公園，綠草如茵，點綴著稀疏的風景樹，步道寬而平坦，面對太平洋，碧水無波，旭日東昇，彩霞滿天，白雲飄拂，海鷗飛翔，良辰美景，使人心懷舒暢。有不少朋友，走下海堤，到海灘尋寶。他們都有所獲，上車後各自炫耀，相互贈與，增益情誼。

離開海濱公園，經太魯閣上蘇花公路，一路依山臨海而行，彎曲起伏前進，從車窗盼顧瞭望，麗日當空，輝映著青山碧水，氣象萬千，有若仙境。在南澳停車休息，參觀一家苦茶油自製自銷展售店，並免費試吃苦茶油麵線，任君自取自食，我們都大飽口福，確實別具風味，有不少人買回去與家人共享。

我們的尋詩之旅已近尾聲，依依離情溢於言表，在南澳回臺北的車上，有幾位從大陸來的朋友，拿出筆記簿，請大家簽名留言作為紀念，有的朗誦自己的詩，有的說故事，有的唱祝福珍重，情意深濃的歌，感動了遊覽車上的導遊小姐，她選播了「祝你幸福」及「當我們同在一起」這兩首歌反復播出，大家拍手合唱，唱出了我們的心聲，唱到我們車進入臺北市區。

這次來臺參加「兩岸詩刊學術研討會」的大陸詩壇代表，來自各省市及自治區，明天就要起程賦歸。在研討會期間及會後旅遊訪問的過程中，討論問題，私誼交談，在我們的心中都留下美好的回憶，永遠的懷念。

# 詩的價值觀

《詩經》是我國最早的詩歌選集，也是我國詩文化的源頭。孔子曾勉勵他的弟子們說：「小子！何莫學夫詩？詩，可以興，可以觀，可以群，可以怨；邇之事父，遠之事君；多識鳥、獸、草、木之名。」以現代的語言解讀，大意是說：研讀《詩經》，可以啓發心志，觀察時政得失及社會動態，溝通人際關係，發抒自己的思想與情感；還可以學到許多做人做事的道理，以事奉父母，服務社會大眾；又可增長見聞，了解自然生態環境。這是孔子對《詩經》的評價。

但自工業革命掀起功利主義的旋風，人文精神就日漸衰微，詩的價值觀隨之沒落。我國的新文學運動，更視傳統文化為束縛思想的桎梏，阻礙國家進步發展的絆腳石，而要打倒孔家店。於是，西洋的新詩取代了傳統詩。求變、求新、求好，應是使詩文化發揚光大；但經過幾十年的流變，什麼什義、什麼派，各立門户，樹立框架，捨棄了詩的功能與價值，而在詩的語言、意象、形式等技巧上各出奇招；以幻想、激情、詭異、晦澀，相互較勁，爭取詩人的桂冠。別人看不懂，以致失去了讀者，背離了社會群眾。

《葡萄園詩刊》一三八期，刊載了麥穗先生的一篇詩論：「談一首不知如何交響的得獎詩」，那是評審委員們都讀不下去的詩，竟然得了「年度詩獎」。多年前一首諷評時政的長詩，得了中國時報文學獎，決審委員獎評時說，那首詩所描述的內容與事實相去甚遠，作者是以意象鮮活及創作技巧取勝。評審委員們似乎已否定了真善美及溫柔敦厚為詩的形象與內涵，也漠視了孔子所賦予詩的功能與價值。

我虔誠的盼望，我們詩壇的大詩人、名詩人以及年輕的後起之秀，評詩、寫詩，要本著道德良知及詩人的使命感，重建詩的價值觀，以發揚詩文化的光輝，消除功利主義的暗流，為多災多難的地球村民，盡一份應盡的責任，付出一份愛的關懷！

（原載《葡萄園詩刊》一三九期）

# 詩不是玩的

自從「現代派」、「後現代」、「朦朧詩」、「前衛詩」相繼出現，玩詩之風日熾，玩得走火入魔，並有「詩魔」出現，其徒子徒孫搖旗吶喊，耀武揚威不可一世。

近幾年來，我常在談詩的場合，或閱讀時，聽到及看到有「名詩人」暢談「玩詩」，還有為人師表的詩人，教學生們「玩詩」。他們「玩意象」、「玩隱喻」、「玩架構」、「玩弔詭」、「玩突破」，玩得不亦樂乎。為詩設計了迷人及嚇人的面具戴上，架設阻隔外人的魔障，搭起孤芳自賞的舞台以自娛。

如是，詩失去了群眾，失去了市場。古典詩詞在書市還佔有一席之地，而新詩卻很難擠進書市的一角。不知領詩壇風騷的名詩人們，可曾察知？

可曾自省？還有些詩壇「俊彥」，擔任詩獎的評審委員，在做講評時，竟說看不懂得獎作品，連讀也讀不下去，卻得了大獎，進入了詩選集，真是玩詩玩過頭了，是詩壇的悲哀，令人感嘆！

其實，詩不是玩的。詩是諸多文體中的一種，是最精緻的文學體裁，是美化心靈的營養品，是表達思想與情感的心靈語言。詩的創作是為言志、敘事、抒情，是溝通人際關係的橋樑，調節人際關係的潤滑劑，紀錄歷史流程的真象，促進人類文明進步及達成和平安樂的原動力。詩之可貴可久在此，詩人被尊重受愛戴亦在此。所以，詩運與國運、世運，常被人相提並論。詩人提起彩筆時，豈能不思及此！

當下，社會上流行風、搞怪風，吹得詩壇色情在發酵，頹廢墮落在蔓延，玩詩者大行其道。詩壇有使命感的詩人們，豈能袖手旁觀，任其為所欲為。大家要振臂疾呼，回歸新詩的正統，以言志、敘事、抒情為主軸，以明朗、精練而典雅的語言，美化我們的詩作，扭轉玩詩的歪風，喚醒詩魂，振興詩運，深耕我們詩的園地，拓展詩的市場，再造詩的盛唐，使我們的國家成為詩的優雅國度！

（原載《葡萄園詩刊》一四五期）

# 心懷感恩，勵己恕人

我是長子，也是長孫，來到人間就備受寵愛。因弟弟妹妹一個接一個出生，母親照顧不過來，小時候我常跟在祖母身邊，倚在祖母懷裡。祖母很會講故事，她的音調隨著故事的情節抑揚頓挫，還帶表情動作，使我聽得津津有味。她都是講些神話，孝道及因果報應之類的故事。有一次祖母說：天地原來是合在一起，像個大西瓜，是盤古氏拿大斧頭擘開，一半上升為天，一半下沉為地；盤古氏不小心，他的斧頭將天刺破一個洞，所幸女媧氏看到，趕緊煉石補天，太陽、月亮和星星才沒有掉下來。

可能是那些故事的啓發，我的小腦袋裡充滿了幻想。夏天在户外乘涼，我凝望著一輪明月，萬點銀星，覺得有天地真好，就對盤古氏和女媧氏心存感激。也許是幻想多，我從五、六歲就夜夜作夢，祖母所講的故事，常在夢中出現，我想這與我日後遇事富於聯想有關。

我很幸運，出生在一個勤儉而充滿愛的家庭。我從未見祖父母、父母之間爭吵或冷戰，對我兄弟姐妹從不打罵。在日常生活中，都是彼此關愛，互相照顧，家境雖不富裕，卻很溫馨，使我度過快樂的童年，後來因抗日戰爭爆發，家裡人口漸增，稅捐重，徭役多，物價漲，生活一天比一天困難，已至三餐不飽，告貸無門，在苦難中更見愛的光輝。母親每餐做好飯菜，先讓一家人吃飽她再吃。祖父母、父親和我們兄弟姐妹，看飯菜不多，都知自我節制少吃一點，留些給母親吃。母親嫁來時，男女雙方都是小康之家，母親的嫁妝很多，有些好衣裳，母親捨不得穿，抗戰時期都翻出來，自己修改給我們兄弟姐妹穿，黑色的衣裳，就剪做全家人的鞋面布。

母親勤儉持家及對我們的養育之恩，我刻骨銘心，永不忘懷。不幸因戰亂，我十八歲離家，飄泊異鄉，到民國七十九年第一次返鄉探親，父母都已仙逝，親恩未報，是我平生最大的憾事。我只有將父母的愛，轉移到我妻子兒女身上，以告慰他們老人家在天之靈。

我隻身來臺，舉目無親，貧病交加，熬到三十一歲才就業成家。初任低級公務員，舉債結婚，婚後寅吃卯糧，子女相繼出生，窮人富貴命，妻沒奶水，三個孩子靠牛奶餵大。往後為子女教育費及購置個蝸牛殼，生活總是捉襟見肘。直到小兒子大學畢業，經濟情況才好轉。現在，兩個女兒已出嫁，各有子女及職業，過著幸福的小家庭生活，兒子有不錯的工作，即將結婚。我已屆齡退休，有退休俸養老，妻是資深勞工待退。我們家庭中的每一份子，在新潮流的激盪中，仍維繫著傳統的倫理道德，勤儉家風及敬業精神，是國家社會一股微小的安定與進步的力量。

我十四歲那年春節，去伯外祖父家拜年，伯外祖父是位有新思想的秀才，家裡有很多藏書，我在他家住了五天，每天躲在書房裡看書，仔細地閱讀了　國父原著三民主義、孫文學説及實業計劃，使我眼界大開，心胸開闊起來。「人生以服務為目的，不以奪取為目的」，成為我終身的座右銘。「互助合作」，也成了我處理人際關係的準則。在那炮火連天，硝煙彌漫的歲月裡，我心中還是憧憬著　國父孫中山先生理想中的富強康樂新中國的遠景。

我懷著希望，把握準則，緊記座右銘，在茫茫人海裡，隨著狂風巨浪到處飄流，曾在農、工、商、兵界靠岸，最後停留在政府機關，捧起公務員的鐵飯碗。委任一級幹了二十年，我的信念不改，努力不懈，自修不輟，獲得長官的肯定，在人事新陳代謝中，一步步升至中級主管屆齡退休，並多次當選優良人員及模範公務人員的榮譽。

回想起來，是家庭教育暨國父遺教，影響了我的一生。退休兩年多年，我除旅遊、讀書及寫作，也參與地方公益活動，文藝、文化交流，希望將殘燭燃燒至盡，發出最後的微弱光亮。從我半個多世紀的親身體認，我們的社會，不像有些人所說的那樣黑暗與無情，公道仍在人心。不過，要先付出才會得到回報；不努力耕耘而想豐收，總是終歸落空。我以不斷自修增進智能，參加考試取得多項任用資格，竭誠服務在工作上求表現；從不走旁門左道，有非分之想。我覺得我們的社會，給我們很多公平競爭的機會，要我們自己好好把握，自暴自棄別人是幫不上忙的。

幾十年來，我常懷感恩的心，在工作崗位上竭盡所能回饋社會。因為我的日用所需都取之於社會，是社會大眾勞心勞力所供應。「人人為我，我為人人」，才能使供需無缺，社會因此繁榮進步，國家才會富強康樂。

今日社會上的一切亂象，是因為有少數人，只知爭取權利，貪圖享受，不肯盡義務，潔身自愛。把精力與時間花在你爭我奪上，施展陰謀詭計，無所不用其極。當其面對法律制裁，又悔不當初，那些做奸犯科者，都是既聰明又有膽識。如果他們循正當途徑，投入社會競爭，一定不會輸給別人，而有所成就。只因他們一念之差，害得社會人心不安，危及國家社會的生存與發展。我們社會上有愛心及責任感的人仍佔多數，希望大家趕快盡心盡力，救恕那些迷途浪子，使之與我們共同開創美好的未來！

（本文獲臺灣省文藝作家協會慶祝臺灣光復五十週年「建立祥和社會」徵文佳作獎，並收入《感恩・奉獻・關懷》文集。）民國八十五年三月

# 珍惜相聚這份緣

去年元月十日，美國航空暨太空總署，發布由哈伯太空望遠鏡拍攝，在距離地球五十億光年的兩星雲發生對撞的景象，使我聯想到宇宙之大，地球渺小如滄海一粟。據科學家們推算估計，地球形成至今約五十億年，可能在五十億年後，被太陽所毀滅。如此說來，地球的壽命約百億年。我們人的生命，只有幾十寒暑，長命者也僅百餘歲，何其短暫！在無際的空間中，悠長的歲月裡，能相聚在同一時空交會點上，是多麼不容易，我們要珍惜這分緣。

據考古學家發現，人類祖先活動的遺跡，已有幾十萬年，有信史記載的人際關係，也有數千年。從歷史文化中，我們看到祖先們，在洪荒的原野上，茹毛飲血，巢居穴處，走過漫長的艱苦旅程，從生活經驗中發展人際關係，拓展生存空間，提昇生活品質。在無數次試驗中，創造了文明，代代相傳，踵事增華，才有今天這樣進步繁榮的人類社會，我們是多麼幸運的一代！

天體運行不息，人類的文明進化，也是無止境的接力運動，現在輪到我們這一棒。我們不僅要全力以赴，更重要的是認清目標，不能偏離跑道。回顧來時路上，有許多族群，選錯了目標，偏離了跑道，鑽進荊棘叢中，或陷入泥淖，將喜劇的戲碼，演出悲劇的情節，而且不知警惕，還在一棒接一棒地演著，真是人類的大不幸。我們要引以為戒，不能蹈其覆轍，讓悲劇再演下去。

人類在繁衍綿延的過程中，因膚色種族的不同，地形的阻隔，宗教信仰的差異，文化及生活習慣各殊，形成各種不同的族群；又因各族群勢力的擴張，思想意識型態的滲透渲染，在各族群間結合成有強烈排他性及侵略性的政治族群。各政治族群，因利害關係，由對立、對抗而兵戎相見，使一部人類的生存發展史，沾染了濃厚的血腥及硝煙味。隨著科學發達，物質文明快速進步，人們的欲望也隨之提升，族群與族群之間，利害衝突愈演愈烈。即以二十世紀而言，已發生兩次世界大戰，共產主義者掀起席捲全球的國際冷戰，區域的韓戰、越戰、以阿之戰及各國內戰，生命財產的損耗及對精神文明的摧殘，難以數計，交戰各方，無一贏家，都是輸家，何苦要對自己過不去，不僅自作自受，而且禍延子孫，成為歷史的罪人。

往者已矣，追悔無益；但環視現實世界，各政治族群、宗教族群、區域族群、經濟族群之間，仍充滿著敵意，潛伏著危機，若不及時化解，予以消除，二十一世紀，「地球村」居民的命運是難以想像，我們又怎能置身事外!?以上是我對人類族群生態的宏觀認知與觀照。

再來看看國內的族群情形，因受國際風潮的影響，「族群」一詞，漸漸在臺灣島內流行起來。有人將居住在臺灣的人民，冠上「臺灣人」、「大陸人」的族群名號；又有人更細緻的分為「閩南人」、「客家人」、「原住民」、「外省人」四大族群。如果以平常心來看待這族群的區分，像我們日常習慣依省籍稱呼湖南人、四川人、廣東人一樣，並無惡意。美國人也彼此以加州人、德州人、紐約人相稱，顯得很自然。再如我們社會上，稱薪水階級為上班族，成年未婚男女為單身貴族，都無傷大雅。但是，有些政客故意炒熱族群意識，樹立族群壁壘，成為製造族群對立的手段，爭取政治資源的對象，從中獲取政治利益。近幾年來，國內政局動盪不安，就是政客們大張族群的旗鼓，興風作浪所致。我們住在臺灣的同胞手足，要慎思明辨，知曉善惡是非，不要被其愚弄，任其擺布。黎巴嫩基督教民兵與回教民兵的長期爭奪戰，將有東方巴黎之稱的首都貝魯特，變成破落不堪的荒城；南斯拉夫分裂後，波士尼亞、塞爾維亞、克羅埃西亞三國相互攻擊，造成數十萬人傷亡，數百萬人流離失所，三敗俱傷，都是政客們爭權奪利的犧牲品，值得我們警惕！

現在住在臺灣的兩千一百萬人民，除了少數原住民外，都是從海峽對岸先後遷徙而來，同一祖先源流，繼承了傳統的中華文化，雖有語音稍不相同的方言，表達思想與情感的文字仍然一致，祭祖及奉祀神明的風俗習習尚相同，衣冠服飾無別。自中央府遷臺以來，推行國語，消除了語言隔閡。各族群在同一政治體制，平等自由，安居樂業，對原住民並有優待與扶助。幾十年來，各族群水乳交融，相互通婚所生的第二代、第三代，在總人口中佔了相當高的比例，是有目共睹的事實，沒有族群問題存在。

中央政府遷臺之初危機重重，由於施政方針正確，推行以安全、安定為順位的漸進式民主，使各族群大融合大團結，在這個缺乏資源的海島上，及國際環境險惡的情勢下，創造了全世界人眼中的「奇蹟」，為中華民國及中華民族歷史寫下最輝煌的一頁，我們身在其中受其惠，可做見證，不是任何人能隨意否定及抹煞！我們要珍惜在此時此地相聚攜手合作的這分緣，將創造的成果傳給下一代，讓我們的子孫再去發揚光大，使地球村的各族群，都成為融融樂樂的新新人類。我懇切地呼籲政客們，立即停止破壞我們族群融合的一切陰謀詭計活動，同享互助互愛之樂！

（本文獲臺灣省政府新聞處「族群融合大家談」徵文佳作獎，並收入《心手相連寶島情》文集）民國八十五年五月

# 論如何改善社會風氣

## 一、前言

我們每天翻開報紙，打開電視機，總是看到大標題、大篇幅及重播畫面，報導貪污舞弊、行賄受賄、偷盜搶劫、綁票勒索、殺人放火、販毒吸毒、賭博、色情等花樣百出的犯罪新聞，使人怵目驚心，不寒而慄。我們的社會怎麼會變成這個樣子？記得五、六十年代，社會一片祥和，國際輿論譽為世界上治安最好的國家之一。犯罪事件少有所聞，半夜三更獨行僻巷荒郊，也不會有安全顧慮。近十多年來，社會治安日趨敗壞，犯罪案件直線上升，像野火燎原，到了難以控制的地步。

俗話說：「無風不起浪，事出必有因。」我們的社會風氣敗壞，是受不良政治風氣的感染。有位中生代的政治風雲人物，就曾公然道出他的問政理念：政治是高明的騙術。放出臺灣政壇的風向球。各種「高明的騙術」，都在興風作浪，吹向行政、立法、司法的舞台，以謀取個人及黨派利益。在民主殿堂上搬演穢言暴力醜劇，率領群眾向公權力挑戰，上街頭抗爭，包圍官署，要脅行政、立法、司法機關接受其法外的要求，不達目的不肯罷休。人民看在眼裡，記在心上，善良者對政府失去信心，政策推行就減少動力；刁鑽者結成幫派自我膨脹，攀援附會要分一杯羹。於是形成黑道、民代、官員與金權掛鈎。善良的百姓，為生存與生計，花錢消災，供養著那些惡霸，於是，其吸收黨羽，更為囂張，使社會大眾被籠罩在暴力恐佈的陰影下，過著提心吊膽的日子。

政府有見及此，曾提倡「政治革新」、「心靈改革」，並經年累月廣為宣導，但從新聞媒體報導的犯罪案件來看，不僅未見成效，卻每況愈下。究其原因有二：一、只聽到響亮的口號，未見有效的具體措施。喊口號者，只坐而言，未起而行，樹立典範，蔚成風氣；二、喊口號者，我行我素，甚至把口號當幌子、招牌，以掩護其為非作歹，而產生反效果。

選舉文化低俗及惡質化，也是導致社會風氣敗壞的主要原因之一。每逢選舉，各黨派之間及各黨派之內的惡性競爭，相互攻擊詆毀，暴力相向，互揭陰私，反目成仇，謠言滿天飛。請客、送禮、花錢買票，醜態百出，在選民面前表演錯誤的示範。各項選舉的候選人，都要花千百萬甚至幾億元的競選經費，聲嘶力竭，見人作揖，挨門挨户的拜票，他們之中究竟有多少人，是真心要爭取一個為民服務的機會，以施展自己的政治理想與抱負？其實，大多數人是想做獲利豐厚的投機生意。很多民意代表都有自己的事業，想以民意代表的身分地位，爭取特權及商機，以求發展及維護其個人事業利益。像這樣每三、四年一次大規模負面的社會教育，社會風氣怎能不敗壞呢！

有些人對政府失去信心，自身缺乏安全感；或想不勞而獲、少勞多獲，利慾薰心，為避禍趨福，求助於神明。於是請自稱通神明的法師、仙姑、靈童指示迷津、改運、賜給智慧及特異功能。求神問卜之風日甚，江湖術士、神棍、巫婆，隨之而起，寺廟、道觀、神宮、神壇林立，電視的靈異節目、報刊的星座、命理專欄，相互呼應，形成一股敗壞社會風氣的暗流。不法之徒藉機騙財、騙色，破壞家庭及善良風俗。有些政客，為拓展政治資源，表現親民假象，逢神就拜，更加速了迷信的蔓延，使社會風氣日益惡化。以上這些從人民心理反映出來的怪現象，不僅消耗了大量的社會資源，更腐蝕了國民對國家社會的責任心，及樂觀奮鬥的創造力。倘任其迷失沉淪，對國家的生存發展，人民安居樂業，是嚴重的挑戰，實堪憂慮！

國父在《孫文學說》自序裡說：「夫國者人之積也，人者心之器也，而國事者，一人群心理之現象也。是故政治之隆污，係乎人心之振靡。」社會風氣是人心振靡的表徵。眼看社會風氣敗壞，人心惶惑不安，身為民主社會的一份子，豈能袖手旁觀，置身事外！我不揣卑微僻陋，竭盡愚誠，提出下列建言，盼能引起國人省思，共謀良策，以振奮人心，改善社會風氣。

## 二、淨化選舉，樹立廉能政風

民主政治的可貴，是選舉賢能之士，擔任行政首長及民意代表，貢獻其智慧、知識與能力，共同推動公共行政事務，以促進國家社會進步，增進人民福祉。民主政治雖是法治政治，倘選任之人非賢能之士，徒具法條規範，往往不是執行不力，就是執行偏差；因為各種法令規章，都有不夠周延之處及裁量權的空間。因此，民主政治，不是喊響亮的民主口號，不斷舉辦大拜拜式的選舉，就能達到民主政治之目的，享受到民主政治的安樂。

各層級的選舉，是推行民主政治的重要過程，也是民主政治的示範教育。但是，我們國家近十幾年來，從中央到地方各項選舉，弊端叢生，成為社會風氣敗壞的誘因，要想改善社會風氣，必先從修改選舉法規著手：

㈠候選人資格審查，要以品德、學識、才能為標準，以排除素行不良、不學無術及黑金背景者參選。

㈡參選者一律公費，使清寒的賢能之士亦能參加競選。公辦政見發表會及電視辯論會，候選人抽簽排號參加發表政見，向選民說明自己的政治理想及人生抱負。

㈢候選人不得設競選總部、辦事處及後援會，競選政見及文宣資料，統一規格，由候選人撰寫內容，經審查通過，由選委會統一印製相同數量，在公設布告欄依抽簽排名張貼，供選民閱覽，候選人不得私自到處散布文宣資料、標語或旗幟。

㈣由選委會備競選車，候選人一人一車，抽簽排名列隊，披掛名號彩帶，在選區內巡迴展現風采，發表政見（每車相隔一定距離，以免相互干擾），候選人不得私自進行競選活動擾民。

能做到以上各點，使候選人都有均等的機會，在選舉人面前展現風範與才華，作為選民投下神聖一票的評比選擇，才是公平的選舉，才能選出賢能之士，為民服務，為民造福。

## 三、民意代表權責，應重加規範

㈠民意代表是支領俸給的公職人員，不得經營事業，或兼任營利機構的職務。

㈡不得替民眾關說，以免干擾一般行政、警政及司法權的執行。亦不得以預算審核權，對編列預算機關藉故刁難，影響行政效率。

㈢民意代表應體察民情，結合民意，作為質詢的依據，以發揮為民耳、目、喉舌的功能，監督政府施政。

㈣民意代表應比照行政人員上班請假規定，在開會期間不得無故缺席，曠職者依法議處。質詢時應針對問題發言，不得有粗暴言行侮辱行政官員。

㈤延長民意代表開會日程，務使行政機關送審之法規，當會期審議完成法定程序，公佈實施，最遲不能延過下一會期，以提高行政效率，興利除弊（立法院積壓行政院送審之法案，有達數年之久未審查處理者甚多，有失民意代表之職責，延誤了興利除弊時機，對國家社會的損害，實在難以估計）。

㈥民意代表的問政績效及選任行政首長的政績，應簡要刊於政府公報，並透過媒體傳播公諸社會，接受民眾的檢驗與評比，作為選任下居民代及行政首長的參考資料，以收惕勵之功。

府會之間，如人之雙臂，車之兩（四）輪，相輔相成，相得益彰，才是一個全能政府，人民期待的民主政治。

## 四、建立新的道德觀，以正社會人心

人為萬物之靈，自上古以來，群居而生，互助而活，從洪荒的原野，茹毛飲血，一路走過來。在生活中體驗出生存發展之道，形成一個由小而大的生命共同體，如家庭、宗族、部落、社會、國家。為促進生命共同體的成員，和睦相處，共存共榮，漸漸凝聚共識，樹立生活行為規範，是倫理道德之起源。我中華民族歷五千年繁衍綿延，世代相傳，踵事增華，成為中華文化博大精深的道統。但歷代暴君、昏君及奸臣、佞臣，亦留下一些劣績敗行，污染了中華文化，使善惡良窳雜陳，使許多不深思明辨的人，莫衷一是，無所適從。西方國家自工業革命興起，物質文明一日千里，形成列強互爭霸權，向外擴張殖民，中國成了他們競逐的目標，蠶食鯨吞，國勢阽危。有些新思想的國人，把近百年來中國之積弱，歸咎於中華文化道統對國民思想行為的束縛。當時朝廷重臣張之洞等，為救亡圖存，提倡洋務運動，派學生赴美留學，主張以「中學為體，西學為用」，但朝政腐敗，以致洋務運動績效不彰。在我國推動洋務運動同時，日本「明治維新」，推行政治改革，以大和民族精神，結合歐美科學技術，發奮圖強，一舉成功，擠入列強之林，成為侵略我國的罪魁禍首。

民國初年，新文化運動興起，以發展科學，爭取政治民主及個人自由為訴求，風起雲湧，瀰漫全國。「打倒孔家店」及「全盤西化」之聲四起。從高等學府發出吶喊：「禮義廉恥是四根柱子，忠孝仁愛信義和平是八條繩子，我們被八條繩子綁在四根柱子上動彈不得。」可見當時知識青年，反抗傳統道德的激烈。若是基於愛國心切，想求新求變以救亡圖存，值得讚賞；但是，舊的道德規範被摧毀，新的道德觀念未建立，社會人心浮動，政客及共黨份子乘機發展勢力，使國家陷於外患日急，內憂日深，政局分崩離析，更予敵人可乘之機，幾至亡國，可為前車之鑑，豈能忘懷那些血淚教訓！

政府遷臺後，大力推行中華文化復興運動，重建社會秩序，同時推行倫理、民主、科學的三民主義政治建設，在三、四十年內，將一個資源缺乏，貧窮落後的海島，發展成民主、自由、均富的國家，使人民過著安居樂業的生活。我們中年以上的人，都參與其事，樂在其中，留下美好的回憶。但好景不常，一方面因經濟發展太快，資訊泛濫，歐美嬉皮萎靡之風侵襲國內，趕流行的國人隨之起舞。加之富裕的生活沖淡了憂患意識，人心渙散；另一方面，錢多使人腐化，奢侈浮華，富而無禮，社會風氣急速敗壞，被國際間譏為「貪婪之島」。所謂的「新人類」、「新新人類」，飆車、偷竊、殺人放火，胡作非為，「只要我喜歡，有什麼不可以」，無視於別人的存在與感受。綜觀呈現在我們眼前的種種敗德亂行，實在令人為我們這個生命共同體的前途擔憂。

要使改善社會風氣做得落實，產生效果，就要針對問題解決問題，化戾氣為祥和，化阻力為助力。我在參加社團活動及日常生活中，發現大多數人，對四維、八德這些道德規範，識其字不明其義，都認為是繁文縟節，不合時宜，怎能引導國民的思想行為？我們應珍惜歷代祖先遺留給我們的智慧結晶，視為全人類開創未來的理論基礎，以淺顯的語言文字表達其時代精神，使社會大眾了然於心，易記易行，以建立新的道德觀念。我以為「人人為我，我為人人」及「己所不欲，勿施於人」這兩句箴言諺語，能概括四維八德的精義。將之列為學校教育及社會公民教育的教材，作為「心靈改革」宣導的主題。「人人為我，我為人人」，是鼓勵每個人要積極的做為，在享受別人服務的同時，也要貢獻自己的智能，為別人服務以回饋。無論時代潮流如何演變，都是人類相互依存，共生共榮的不變法則，而且時代愈進步，相互依存的關係愈密切。「己所不欲，勿施於人」，是規勸每個人，不能把自己的快樂與幸福，建築在別人的痛苦上。每個人都能積極的做為及消極的不做為，社會風氣就會如馨香和暖的春風，大家都可過和平安樂的日子！

## 五、做好就學、職訓及就業輔導工作

現在社會上發生的犯罪案件，及傷風敗俗行為，多是失學的青少年及失業者反社會的心理現象。失學的青少年，因遊手好閒，想入非非而為非成歹；失業者為解決生活問題，想不勞而獲及幫派黑道份子，利欲薰心，以謀財害命、販毒、走私為常業。要想改善社會風氣，應妥善解決這些存在的社會問題，才是釜底抽薪的辦法。我提出下列建議供政府當局參考：

㈠由學校老師主動聯合家長，對行為偏差的學生，加強課業及生活輔導，誘導其改過遷善及學習興趣，留住學生，不讓他們輟學，流落社會，成為治安的「虞犯」。教育主管機關，以學生風紀的好壞，作為評比學校等級的依據。學校以班級學生風紀的優劣，作為級任老師年度考績主要參考資料，並隨時予以獎懲。以促進學校及老師對學生人格教育的重視，多投入心力，以培養健全而優秀的國民。

㈡做好失學青少年及失業者的職業訓練工作。我們的職訓中心設立相當普及，軟硬體設施也很完備，但宣導不夠，吸引力不強，接受職訓者不夠踴躍。各職訓單位，不僅是敞開大門接納他們，要以熱情與愛心，深入社會每個角落，向他們招手歡迎。在職訓期間給予關懷與鼓勵，以人格教育及職技教育並重，使他們在結訓時，以健全的人格，懷著一技之長走入社會，去實現他們理想抱負。

㈢政府應積極輔導及獎勵就業。現在，我們的社會上，一方面承受著失業人口的壓力，另一方面又面臨工商業缺少勞工，有些家庭雇不到傭工照顧老殘及育嬰的困境，引進外籍勞工，又衍生很多社會問題。如果能做到人人就業，以失業人口填補勞工之不足，又能免除外籍勞工帶來社會問題的隱憂，一舉三得，何樂不為!?目前政府雖有各種輔導就業措施，卻未達到預期的效果。現在一般年輕人，眼高手低，好高騖遠，寧願失業遊蕩，不肯從勞苦工作中體驗人生。政府可擬訂一些階段性的心理輔導及獎勵就業辦法：⑴設立短期心理輔導中心，免費提供膳宿，聘請就業問題專家學者，或從勞工出身的工商界領袖及創業有成的人士，從務實面傳承人生經驗，以鼓勵就業意願，並隨即給予工作機會；(2)獎勵及補助雇用本國失業者以取代外勞的工商業者，依人數定額抵減營業稅；對高學歷就業低職位或一般勞工，給予薪資補助及減免所得稅，以鼓勵就業。

(四)嚴懲幫派黑道份子，施以勞動教育，至改過遷善為止：對黑道份子的現行犯，經判刑服滿刑期（或在服刑期間、或在假釋期中），施以勞動教育，依其體能分配能承受的工作，給與應得的工資，扣除伙食費，將所得存入其銀行專户，依規定計息，至其改過遷善解除勞動教育時，領取本利，作為謀生資金。如此恩威並施，以促其省悟，重新做人。

做好以上四點輔導職訓及懲治教育工作，可表現政府對人民的關愛，以增進政府與人民之間的情感，而獲得人民的信任。對改善社會風氣，可收潛移默化的效果。

## 六、導正奢靡浪費的陋習歪風

因經濟繁榮，國民所得逐年提高，社會上奢侈浪費之風隨之而起。食、衣、住、行搶流行，趕時髦，尚浮華，爭奇鬥艷。奇裝異服，打扮怪模怪樣，驚世駭俗。貪食豪飲養肥，再不計代價減肥瘦身。以穿戴名貴服飾，開名牌轎車，傲視別人。婚喪慶弔鋪張浪費，雇花車跳脫衣舞，請人代親屬哭喪，有違倫常，傷風敗俗。不僅消耗了大量社會資源，也會使人失去理性，產生更偏差的行為。如此惡性循環，後果是難以想像，應及時防微杜漸。

民國二十三年，先總統蔣公提倡國民新生活運動，以整齊清潔、簡單樸素、迅速確實，作為生活行為的準則，激發民志，凝聚國力，奠定了對日抗戰的勝利基礎。今昔雖不可同日而語，但可斟酌現實環境狀況，訂頒合乎常情常理的國民生活行為規範，以鄉鎮、村里為單位，大力推行，實施獎懲。並規定中央至地方各級政府官員暨民意代表，在戶籍地組成推行委員會，擔任推行委員，以身作則，起示範帶頭作用。發動社會各界社會領袖、宗教團體、演藝文藝人員及新聞媒體，加入宣導行列，形成端正社會風氣的全民運動，成為我們這個生命共同體的新風氣、新潮流，締造一個朝氣蓬勃，安和樂利的社會。

這不是夢想而是理想，也是絕大多數人民的願望。只要當政者下定決心，展現毅力，必能排除少數異議者的阻礙，使理想實現。

## 七、破除迷信，建立自信

我們社會上，瀰漫著怪力亂神的現象。從層出不窮的披著宗教外衣詐財騙色的案件顯示，有許多政治人物及高級知識份子捲入其中。他們互相依持，相互利用，各有所圖，以權謀、法術、妄語誘惑社會大眾。他們又以「信仰自由」作護身符，規避政府的取締與監督，為所欲為，得心應手，逍遙法外。於是不法之徒，爭相效尤，寺廟、道場、道觀、神宮、神壇如雨後春筍，出現在每個鄉鎮、村里、街巷，有人煙處無所不在。路邊設攤看相、算命、測字、卜卦為人改運，指示迷津避禍趨福的江湖術士，大行其道。由此可見，我們的社會人心，迷信日深，自信日減。而大眾傳播媒體及以追逐名利為目的「作家」們，以媚俗爭取觀眾、聽眾及讀者，在以靈異、命理、星相節目及報刊專欄，推波助浪。當高知名度的命理專家陳靖怡，遭情殺殞命，媒體又以種種說詞解惑，惟恐社會大眾，從迷信幻夢中覺醒過來。

所謂神、鬼，來自傳說，顯現於心理，信之則有，不信則無，難以舉證認定。俗話說：「平生不做虧心事，半夜不怕鬼搞門。」壞事做多了，總是難逃法網，神也救不了他。所謂「命運」：「命」是與生俱來，如父母、體質遺傳、智商，由不得自己選擇；「運」是自己後天的修為。命好的人，不好自為之，也會遭困阨與禍殃，一事無成，抱憾以終。命雖不好，只要有信心，肯努力，充分發揮潛能，也能開創一番事業，古今中外比比皆是。命、運要互補運成，契機掌握在自己的手裡，不能求助於裝神弄鬼的江湖術士。迷信蠱惑民心，危害社會安寧，破壞公秩良俗，妨礙國家生存發展，其害無窮。破除迷信，以建立國民的自信心，發揮智能，貢獻於國家社會，是刻不容緩的當務之急。

政府應從學校教育及社會教育著手，加強宣導，並立法將宗教團體、寺廟、神宮、神壇、相命館（攤），建立檔案資料，納入輔導管理。素行不良及有犯罪前科者，不得設立神宮、神壇、相命館（攤），以杜絕不法之徒，藉神明、巫術愚弄社會大眾。並加強查察，發現不法情事，即予取締究辦，依法懲處。

## 八、結論

改善社會風氣，須治標、治本雙管齊下。治標要立竿見影，政府以公權力取締一切不法行為，維護人民合法權益，使社會大眾免於恐懼，不受干擾。治本應正本清源，因應現實需要，迅速周延立法，建立完善制度，政府依法推行政務，做到保民、便民、利民、愛民，以爭取人民的信任與支持。標本兼治，相輔相成，相得益彰，使政治修明，人民安樂，社會祥和，是不為也，非不能也。

（本文曾獲教育部主辦，中華民國孔孟學會承辦，八十六年中華文化復興論文競賽社會組佳作獎）

# 懷念丁平教授

我突然接到涂主編電話，她以低沉而哀寂的語氣告訴我說，琹川在電腦網路上，看到丁平教授已於本（十一）月二日病故的消息，我頓時被震住了。丁平教授儒雅而慈祥的音容笑貌，立即浮現在我的腦海，懷念之情，油然而生。我與丁平先生，雖非深交，但為知己。

我們只見過三次面，都是在人多場合，相聚時間短暫，交談不多，但留給我的印象深刻而難忘。我們第一次會面，是在一九九四年八月二十八日，他率領香港代表團來臺參加第十五屆世界詩人大會，在會場經涂靜怡小姐介紹相識。那次大會在臺北市環亞大飯店國際會議廳舉行，有四十一個國家及地區代表四百五十多位詩人參加。只見他童顏鶴髮，面帶笑容，穿梭於詩人群中，我由衷敬佩，卻沒機會向他請益，和他交談。

第二次見面，是一九九六年五月二十一日。《秋水》詩刊同仁應遼寧省文聯和大連市文聯邀請，由綠蒂先生率領一個七人訪問團，作一次中國東北及北韓詩之旅，回程應丁平教授的邀請，在香港停留兩天交誼談詩。丁教授帶著他的得意門生十多人至機場迎接，安排住宿，設晚宴，開詩學座談會，忙得團團轉。他（她）們都是《秋水》的作者和讀者，在座談會上，別出心裁，繪了一幅飄逸的寬葉蘭，與會者都在蘭葉上簽名，並當即影印每人一份留念，有永結金蘭之寓意，真情感人。

次日上午，丁教授又邀請我們至他府上賞玉，並有茶點招待。他是一位古玉鑑賞家，一生積蓄的財富就是那千餘件價值連城的瑰寶。他全部搬出來，使我們大開眼界，並為我們講解玉的種類、年代及獲得的經過，他愛玉、惜玉，又以好玉與好朋友分享，分贈我們每人兩塊名貴的古玉。其人品亦如玉一般的溫潤雅潔。在香港停留二日，使我們倍感溫馨。

回臺後，我即寄贈拙著詩文集各一冊，請他批閱指教。不久就收到他的謝函，言詞謙和地說：你的詩文質樸無華，理性多於感性，似有韓愈之風。我明白他是在鼓勵我，是溢美之詞，我仍喜出望外；因為以他在詩壇和文壇的聲望與地位，沒將我的拙作棄如敝屣，而且認真批閱過，使我非常感動。我對文起八代之衰，名列唐宋八大家之首、愛國、親民、律己的韓文公，非常崇拜，他的很多詩文如：〈自詠〉、〈原道〉、〈師說〉等我都能背誦。他可說是儒家的代言人，對唐宋以後中華文化的發展與傳承，有潛移默化之功。證諸今日的「物化、神化、鬼化」世界，韓文公的道德思想，能淨化世道人心，益發使我們深信而不疑！丁平教授的道德文章，才確是有韓文公之遺風。

第三次與丁教授見面，是在一九九八年七月十九日。他應中國文藝協會邀請，率領香港學院派詩人何江顯等十一位，來臺訪問五天，進行文化交流。因他們都有公務在身，行程緊湊，來去匆匆。《秋水》詩刊同仁，於七月十九日在臺北市「鄉園」餐廳設宴歡迎也是歡送來訪貴賓。餐席間丁教授向《秋水》同仁舉杯敬酒，傾吐心聲，情真意切。當他對我舉杯，我們眼神交集，相互祝福，我發現他似欲言又止，無暇多談，豈知竟成了永別餐敘。

丁平教授，是香港大學的資深教授，在專業進修學院主講學士後「現代文學作家論」及「中國現代文學之現象和未來發展」，並任香港廣大學院教授中國文學系系主任及研究所所長。是世界華文詩人協會常務理事兼秘書長、香港詩人協會副會長兼研究部主任。在香港推行華文教育，發揚中華文化不遺餘力，桃李滿天下。為酬庸他對發揚中華文化的特殊貢獻，中國文藝協會於一九九六年頒發文藝獎章。他雖定居香港而功在國家，哲人其萎，典範常在我心，使我永遠懷念！

（原載《秋水詩刊》一〇四期）

# 重讀《古丁全集》的感慨

再過幾天就是古丁先生因車禍去世二十周年紀念日。他是《秋水詩刊》的創辦人，《秋水》一〇八期，要為他出版紀念專集。古丁先生去世二十年，卻一直活在我的心中。其實我與古丁（本名鄧滋璋），只在《中國風》雜誌創刊茶會上（民國六十九年十一月三十日）見過一次面，沒有私下交談，說不上有什麼情誼。他使我念念不忘，而使我敬佩，是因為我拜讀過《古丁全集》，受他表達於詩文的真情所感動。

他去世後，他的得意門生涂靜怡，要為他出版《古丁全集》，以報師恩，編輯完成後交給我校稿。那時我剛踏進文藝圈，孤陋寡聞，對文藝創作是外行，怕有負所託，只好一字一句的認真校讀，遇有疑難處，翻閱幾本辭典以求了解。校完全稿，我發現古丁先生，不像一般的詩人作家，為寫詩而寫詩，為創作而創作，為名利而汲汲不休。他的詩文不虛浮誇張，不譁眾取寵，一本真情實感，以簡潔、明朗而流暢的語言表達他的所思所感，抒發他的情懷理想與抱負。

《古丁全集》分為新詩、評論、散文，輯成三冊，全部精裝，外加透明厚膠套，使人悦目怡情。新詩計有長詩《革命之歌》（一千二百八十九行），短詩《獻給祖國的詩》等共一百七十三首。詩文評論一百七十二篇。散文三十六篇。涂小姐向銀行貸款自費出版。書印出後，因她在司法官訓練所任職，大辦公室人多無法放置，放在家裡又有諸多不便，就暫時寄放在我借住的國軍退除役官兵輔導會在南京東路的單身職員宿舍。

全集因是自費出版，未上市發售，只在《秋水詩刊》刊登出書訊息。涂小姐說，她在經濟拮据的情況下，急著出版《古丁全集》，是為感恩圖報，將老師的心血結晶，結集寄給他生前藝文界的好友們永久紀念，並寄放國內外各著名大專院校及公私立圖書館，供大眾閱讀，發揮教化功能，而遂恩師的心願。她並慎重地開列名單，以免重複或遺漏，其中有部分是由我代為寄發。受贈書者都有熱烈的回響與好評。隨後有人陸續郵購，現已全部售完。

古丁先生離開他忠愛的國家，關懷的詩壇和文壇已經二十年了，他在天之靈，必能體察到當前國家的亂象與危機，詩壇和文壇的頹風與假象，在心頭滴血，悲憤不已。唯一使他安慰的是，他所創辦的《秋水詩刊》，在涂靜怡主編堅持他的理念與意志，在篇幅及內容的質量上與日俱進，盈盈、悠悠、浩浩地在海峽兩岸及海外奔流，帶著同胞愛、詩人情，溫暖了千萬讀者的心。他會看在眼裡，樂在心裡；相信，當他看到為他出的《紀念》專集，與許多往昔的詩文好友會面，聆聽對他懷念的心聲，一定是豪情萬丈，笑傲天堂。

在紀念古丁先生逝世廿周年的前夕，我重讀《古丁全集》，又進入他生命歷程的時光隧道。古丁先生民國十七年元月二十八日生，民國七十年元月二十七日因車禍去世，剛滿五十三歲，英年早逝，壯志未酬，是國家社會和文藝界，無可彌補的損失。

他原籍湖南省瀏陽縣，初中畢業後，因抗日戰火燎原，他流亡貴陽，民國三十三年投考中央防空學校通訊隊第九期，開始他獻身報國的軍旅生涯。畢業後分發至寧貴三盛公防情電台工作，曾隨部隊移防寧夏銀川、甘肅蘭州、四川成都等地，三十八年十二月隨軍經海南島來臺，先後駐防臺北、屏東、嘉義、楊梅、馬祖等地。民國四十五年七月調職新竹空軍救護中隊。隨後因軍情需要多次調職，至民國六十五年十月，以空軍三等一級士官長退伍。他在中央防空學校的同班同學，有的已官拜中、上校，他一直在自己的工作崗位上，埋頭苦幹了三十二年，不圖個人名利。民國五十二年獲頒空軍乙二楷模獎章。五十五年一月又獲頒國軍忠勤勳章，可見他在軍中職位上的功勳勞績。其高風亮節，為國犧牲奉獻的情操，令人敬佩，堪稱軍人的典範。

他於民國三十六年開始寫作，五十二年七月出版詩集《收穫季》，收入他的感懷抒情詩六十七首。他在〈詩人與時代〉（代序）中說：「詩人應意識到他自己與時代的關係。他是時代中的一份子。因此，他應該關心著他自己所處的時代，以及這個時代中生活的人，和他們全體的命運。詩人不可能也不應當，漠視他眼前的世界，因為詩人對於時代，應自覺有一種責任，一個理想，需要完成。」他以詩篇來表達他的情懷、理想與期盼。茲將他在獻給祖國的詩四十首中〈奉獻者〉、〈不忘苦難〉這兩首詩摘錄於下，以見一位愛國者的感世傷懷。

## 奉獻者

當那些聰明人唱著頌歌走向你時
在我遠的地方你便看到了他們
我走向你時，祇帶著靜默的祝福
並留心不觸碰路上的東西，我怕引起你注意

他們獻上他們的心在你手上
然後等待著拿最好的報酬
我奉獻我的心就悄悄的走開

使你不要知道那是誰的

## 不忘苦難

他們在污穢的河岸上抱著豎琴
唱著淫邪的歌，跳著狂熱的加力騷舞
至於我　我不能這樣，祖國啊
只要有一刻我忘記你尚站在苦難中
我的生命便像大旱中的禾苗般枯死
我的靈魂會貶入火的地獄

〈獻給祖國的詩〉，曾於民國五十三年五月獲中國詩人聯誼會頒「銀屏獎」。

民國五十四年，又以長詩《革命之歌》獲第一屆國軍文藝金像獎長詩首獎，轟動詩壇而嶄露頭角。這首一千二百多行的長詩是首史詩，是中華民族的史詩，也是世界史詩。他歷敘我們中國的立國精神，朝代興衰，面臨的危機及革命救國之道，並旁及世界潮流及列強的消長，其中有這樣的詩句：

東西南北，四面八方
現在所有的砲口都朝我們
都渴飲我們的血
將領土大塊大塊地吞去
屠刀握在列強的手裡
我們是被宰割的魚肉
嗚呼！國民們
等待的時間已經過去
李鴻章太老，讀不通　國父的上書
……………………

讓我們起來迎戰吧
脫下你的長衫，穿上草鞋
爲守住我們的每一寸土地去決戰
去懲罰侵略者

民國六十四年五月出版詩集《星的故事》，收入詩作四十五首。他在序文中說：「我認為中國現代詩的最大缺點是忽視自己的傳統文化，過分模仿西洋現代詩的技巧和作風，尤其所模仿的本世紀初的西洋現代主義和超現實主義，再加上後來的存在主義，使中國的新詩由晦澀、怪異、頹廢而走入了死巷，招致許多惡評及讀者唾棄。古今中外，以晦澀、怪異、頹廢取勝的也有，但從來沒有像我們當代的新詩，竟以此成為主流。」

「我由於一開始就看出這種缺點，所以始終站在這個主流之外，自行摸索，在我的筆下很少去談現代主義、超現實主義和存在主義，我以為詩人求新是必須的，因此我頗強調創新的精神，但模仿不能算是創新，尤其反對中國的傳統而去因襲西方的傳統，不但無新可言，而且自相矛盾。」

「詩是民族的心聲，構成民族心聲的條件是地理環境、文化傳統和我們所生活的時代。」

從他的這些心靈獨白中，可看出他對發揚中國詩文的責任心和使命感。民國五十六年，他所著的《新文藝論集》，獲第二屆國軍文藝金像獎理論獎。收在《古丁全集》的《評論集》中的有《新文藝論集》、《筆壘集》、《截斷眾流集》、《未名集》，合計有詩文評論一百六十七篇，共達五百八十三頁。古丁為文惜墨如金，每篇評論都是針對主題，提綱絜領加以申論，使讀者有個明確的概念，深刻的意念；從不海闊天空，捕風捉影，信口雌黃。茲列舉兩例為證。

他在〈自大與自卑〉這篇文章裡說：「從大的方面來說，中國在歷史上是一個頗為自負的民族。自負原因，自然是我們的文化中有異於其他民族的優點，但近百年來，在西洋文化的激盪下，卻連自己原有文化的優點也忘掉了，而變為極度的自卑。從小的方面來說，目前我們的詩人中，有些人因自己做了一首好詩而自負的，似乎不在少數。這種情形，可以看出中國人的心理不健全，和思想的盲目。假如我們不從現在起，確實認清自己，知道何者應該肯定，何者應該否定，則在以後許多年，我們恐怕仍將在自卑與自大的兩極端上，浪費時間，終至一無所成。」真是語重心長，用心良苦，值得國人深思，及時妥為調適，以發揮中國人的大智慧，主導未來世界的新潮流，興利除弊，為人類造福。

民國六十九年六月，他出版了文學評論《截斷眾流集》，在序文中對當今的文風做了嚴正的指陳和殷切的期盼：「我對當今的文風，尤其是一些西化派的詩人和作家，日趨形下的作風，有相當的不滿。我對作家有兩點期待：第一，他必走中國的路線，中國的風格，中國思想，中國的精神。第二，他應有成為一個作家的風骨與品格。我大部分評論的焦點，可說都集中在這上面。中國作家，應創作中國的文學，是天經地義的事。文與人是不可分的，文有文德，人有人德，什麼樣人，寫什麼樣的文章，其間有必然的關係，即文如其人。」

「我希望文學能喚醒作家自身，以及整個社會中的人向上的精神，唐君毅在『學術思想與自由民主』一文中說：『但真要轉移社會風氣，仍須先有涵蓋乾坤的氣象，截斷眾流的手段，才能引發來者之向上精神。』哲學家如此，文學家也當如此，但今天的文學家有幾人如此呢？大多恐怕都是隨波逐浪而去，何曾有過截斷眾流的氣概！」

「我願愛好文學的詩人和作家，都有涵蓋乾坤的氣象，截斷眾流的勇氣，來引發整個時代和社會向上的精神。這是當代詩人和文學家應負起的責任。」

古丁先生，不僅是一位正氣浩然的詩人和詩文評論家，也是一位言出必行的實踐者，而且是擎著鮮明旗幟的急先鋒。民國五十一年，他與詩友王在軍、文曉村、陳敏華等合力創辦《葡萄園》詩刊，當時正是臺灣詩壇的熱戰年代，紀弦的「現代派」，提出「現代派六大信條」，主張中國新詩要「橫的移植論」，反對「縱的繼承」，《葡萄園》卻提倡新詩走向「明朗、健康、中國」，與《現代派》隨之消失，而《葡萄園》秉持其「明朗、健康、中國」的創刊宗旨，一路欣欣向榮，出刊至今。其經營者雖幾經更迭，而其理念與精神未變。古丁先生和他的伙伴們，出師大捷，打了一場漂亮的文藝論戰，保住了中華文化的命脈。

民國六十二年十二月，他與綠蒂、涂靜怡合辦了《中國英文詩刊》，從事中國新詩的英譯工作，要將我國的新詩介紹到國外，詩刊上市，受到國內外詩人的重視。他為中國新詩開疆拓土的雄心壯志，令人欽佩。可惜不久因人力財力無以為繼而停刊，他的理想未能實現，是他一生中的憾事。

民國六十三年元月，他與綠蒂、涂靜怡合辦《秋水詩刊》，他在「創刊詞」中做了於下的宣示：「我想由一二人之力，以共同的理想和願望，使一份詩刊更為單純些。只為開闢一塊乾淨的園地，供愛好新詩的朋友作歸隱式的吟哦，在寧靜中享受詩與美的人生，將名利放逐於詩國之外。」古丁先生離開《秋水》已經二十年，主編涂靜怡堅持他的理念，也實現了他的理想。雖然自六十期起，因受經濟的壓力及詩友們熱情參與，改為同仁詩刊，仍不失其為單純而乾淨的詩園地，茁壯於名利之外，有許多海峽兩岸和海外的詩友，湧入《秋水》園地，享受詩與美的人生。

民國六十九年十一月，古丁先生運用涂靜怡得自「中山文藝獎」的獎金，兩人合力創辦《中國風》政論性雜誌（月刊），標示要以「知識、道德、理性」為訴求，評述政風與時事，作為社會大眾的代言人。僅出刊第二期，正在積極的進行第三期的審稿編排。車禍就在這時發生；古丁先生趕搭公車上班時，一輛重型機車，從他背後猛力衝撞，他當即腦漿塗地，兩耳流血，於送醫途中去世。肇禍者逃逸，逍遙法外。古丁先生握筆當劍，為捍衛國家而犧牲，實踐了在《獻給祖國的詩》——〈召喚〉與〈犧牲〉這兩首詩中的諾言。

## 召喚

召喚我，我就脫下累贅的長衫
帶著出鞘的鋒利的寶劍
來到你面前，聽候喚使

命令我，我就勇敢的奔赴沙場

照著我的願望使用我的劍

我不是好戰者，不是蔑視和平
但爲了祖國的完整與尊嚴
我必須勇敢地不顧一切地用我的劍

## 犧牲

如果你需要
就讓戰神來採摘我
折我頭，流我的鮮血
然後編入你勝利的花環

我的生命微賤如草芥
沒有鮮麗的顏色
沒有芬芳

如果我被摘採

我的價值就會變爲無限

《秋水詩刊》第二十九期，出古丁紀念專輯，詩友文友寫詩為文一片

讚頌哀悼聲。並於三月七日下午二時，在臺北市羅斯福路耕辛文教院舉行追悼大會，軍政長官，文藝界前輩，和他的詩文好友，均親臨致祭，輓額、輓幛、輓聯、花圈、花籃，掛滿禮堂，祭奠儀式莊嚴隆重，備極哀榮，是文藝界前所未有。我也撰書輓聯：懷滿腔愛國熱忱長眠地下怎能瞑目；遺盈篋匡世讜論永留人間曉喻迷徒。以表達我的敬悼之誠。

古丁先生離開這個世界已經二十年了，他的愛國精神和「涵蓋乾坤的氣象」，常在我心。他殷切的期盼「文學能喚醒作家自身，以及整個社會中的向上精神」，環顧現實世界的人文生態，他的在天之靈，一定感到失望。人文精神不但沒有提升，卻在加速向下沉淪，已成為物化、神化、鬼化的世界，大多數人類，已失去自己的靈魂。雖有少數如古丁先生那樣有「截斷眾流勇氣」的文藝作家，想力挽狂瀾，也祇有在奮力之餘，徒呼負

負！

曾有文藝界的先驅，將文學作品喻為人類的精神食糧；將作家比之為人類靈魂的工程師。從全世界人文生態看來，霸佔文化市場的精神食糧，其中有很多含有使人致病的毒素；有不少叱吒風雲的靈魂工程師，患了精神分裂症。世界末日的恐懼哀嚎，從世界各地時有所聞，難道是上帝在作弄人嗎？天作孽猶可違，自作孽不可活，有良知良能的文藝作家們！請效法古丁先生不屈不撓的奮鬥精神，引領人類向上向前邁進吧！縱使被時尚潮流所淹沒，也不愧是位堂堂正正的詩人作家啊！

我在《秋水》園地裡成長二十年，常懷感恩的心思念古丁先生。今謹撰此文以表達我虔誠的追思與懷念，古丁先生在天之靈，定會感受到我的真誠。

（原載《秋水詩刊》第一〇八期）

# 三峽情思

晚上熊莉來告訴我，明天遊覽小三峽的票已經開始發售了，他們的票導遊小姐已代買好，問我買了沒有？如果沒有買，她可請導遊小姐幫我買。我看費先生他們五人都不在，可能是去排隊買票，我對熊莉說，等費先生他們回來，如果未買，我來找妳。她坐下來陪我聊天，過一會他們回來了，票已買好，也替我買了一張，熊莉才放心的走了。他們都待我這麼好，我非常珍惜這份緣。

次日天朗氣清，一早我就帶了照相機，到四等艙的船頭，等著觀賞日出美景。太陽還躲在山坳的後面，彩霞已撒落滿山滿谷滿江面，兀鷹在高空翱翔，燕子在低空飛舞，江上的波濤已變為漣漪，我正看得入神，熊莉和蔡文輝來了。這時旭日已探出頭來，那紅紅的臉兒發出的光輝，為山水更添顏彩，江上的氤氳又加上一層朦朧美。我們一同欣賞這美好的長江風光，並合影留念。

上午七時許，船至巫狹口，預定停留半天，讓我們改乘「柳葉舟」遊覽小三峽。小三峽在巫山縣境內的大寧河上，全長約五十公里，由龍門峽、巴霧峽和滴翠峽連成一個風景帶。我們一登上柳葉舟，導遊小姐就介紹小三峽的景點及說明注意事項。我們這條小舟坐了二十幾個人，行在水上，形如柳葉，也輕如柳葉。經急流處飛濺著浪花，在清淺處可見游魚，夾岸奇峰聳入雲霄，秀色變幻莫測，詩情畫意，目不暇接，美不勝收。

龍門峽全長僅三公里，兩岸高峰對峙，最狹處置身其中仰望，如天開一線，高懸吊橋形如一門，也許龍門峽是因此而得名。船進峽內，導遊小姐就指給我們看，陡峭的石壁上，有一個個小方孔，她說每個方孔都是四寸見方，深尺餘，距離不等，高低不齊，是古棧道遺蹟，一直延伸到陝西境內，長達數百里。「明開棧道，暗度陳倉」那個棧道，大概就指這裡吧？在那懸崖絕壁是如何鑿孔？如何搭建棧道？懸在半空，下面洶湧浪濤，怎敢行走？真是不可思議。李白「蜀道難」詩中有這樣的描述：「危乎高哉！蜀道之難難於上青天。……天梯石棧方鉤連。上有六龍迴日之高標，下有衝波逆折之迴川。」是我所見此情此景之寫照。現在上青天不難，有飛機、火箭、太空船可乘，都不稀奇；要鑿那麼多方孔，建那麼長棧道，跋涉那麼驚險的行程，幾乎絕不可能！我對古人的智慧、毅力及冒險犯難的精神，佩服得五體投地。

巴霧峽全長十公里，群峰聳立，深山幽谷，雲霧迷濛，懸崖石壁上，倒掛著長短不一，形狀各異的鐘乳石，蔚為奇觀。在百丈懸崖岩穴中，有春秋戰國時代的巴人懸棺，不知是如何鑿穴？又如何安置上去的？真是謎樣的奇蹟。峽中時而激流奔騰，波濤怒吼，時而水流平緩，微波蕩漾，一葉扁舟隨之起伏，我的脈搏心跳也隨之起伏。浪花隨著激越的濤聲落在臉上，有清涼的快感，粼粼的波光，悅目怡情。還有仙女拋繡球，觀音坐蓮台等奇峰，取名者富有想像力，細觀默察確有幾分具像。

滴翠峽長約二十公里，連峽中支流的「小小三峽」，全長有三十餘公里，最為幽深，有無峰不峭壁，有水盡飛泉」讚歎。激流處如萬馬奔騰，平緩處有鴛鴦戲水。猴群崖壁間攀爬追逐，猴語咿呀。此情此景我想不出好的字句來形容，就套用李白的詩句「兩岸猿聲啼不住輕舟已過幾（萬）重山」頗為貼切。

船駛近一淺灘處，導遊小姐請遊客上岸，步行繞過一小山坳，到山下平坦處再上船，讓空船通過險灘，以策安全。我們走上山坡，那裡有幾戶人家，一群孩子圍攏來，年齡最小的只有五、六歲，大的十一、二歲，有的手捧個小盤子，兜售「三峽石」（三峽石五顏六色，有的染色的），每家門口都擺些山產藥材、獸皮及水果販賣，有人點頭微笑招攬遊客求售。

據說，這裡的人是「化外之民」，自生自滅，也未受到「一胎化」影響，有的一家生七、八個孩子。他們過著「桃花源」式的生活，在明山秀水間終其一生，未嘗不是一種福氣。隨著改革開放，來此的遊客日益增多，他們這種日子還能過多久呢？所謂進步、文明、幸福，以什麼尺度去衡量？什麼角度去詮釋？恐怕是見仁見智各有不同的認定吧。

走到山坡下石灘，與熊莉、蔡文輝相遇，我們在石灘中尋覓三峽石，等待上船，並合影留念。石灘上也有孩子們兜售三峽石，我們上了船，他們還把三峽石擲到船上送給我們，還向我們揮手說再見。真是純潔可愛。

規定我們十二點鐘以前要回「天府輪」，滴翠峽未遊完，峽中支流馬渡河下游的三段峽谷，稱為「小小三峽」，也無法前往遊覽。我從天涯來此勝境，另有勝境近在咫尺，卻無緣觀賞，此去又遠隔天涯，重來無日，而深感遺憾。

回程距龍門口還有半小時航程，船突然停下來。說是油料用罄，等後面的船來借油。借了油引擎又發不動，摸索了半個多小時，才修好起航，回到天府輪已經下午一點二十分了，幸好導遊與天府輪保持聯絡，未被放鴿子。

遊罷小三峽，回到大三峽。長江三峽，從四川順流而下，依次是瞿塘峽、巫峽、西陵峽。瞿塘峽又稱夔門峽，有「夔門天下雄」的令譽。在四川巫山縣與奉節縣之間，峽長約八公里，旋渦套疊，水流激湍。巫峽亦在四川境內，位於官渡口與大溪鎮之間，峽長十二公里。峽內有巫山十二峰，均在江面一千公尺至三千公尺之間，群峰聳立，雄偉壯麗。西陵峽在湖北省境內，峽長七十五公里。峽內有燈影峽、黃牛峽、牛肝馬肺峽、兵書寶劍峽，並稱「西陵四陝」。有崆嶺灘、泄灘、青灘等三大險灘，為長江航道中最驚險處。

長江三峽是由明山秀水組合而成的巨幅山水畫，是造物者的傑作；其千姿百態，風采神韻，不是任何大畫家都能描繪，也不是任何大文學家、大詩人用文字語言所能形容。只有以慧心誠意去默察體會，將之拓印在自己的心版上，才最真實，而且永不褪色，永不磨滅。

我從東北、西北，穿過四川盆地，親眼所見榛莽叢林，廣大草原及無垠的沙漠，才體認到中華民族所擁有的錦繡河山，是如此多彩多姿，而長江三峽的景致，更使之臻於完美。

晚上九點半，船抵葛洲壩，當時壩上下水位相差二十四公尺，船駛進船閘，等候調整水位才能通過。這個有「萬里長江第一壩」之稱的大水壩，主壩長二千五百六十一公尺，高七十公尺，有二十七孔泄水閘及公路、鐵路。包括大江和二江兩個水電站。年發電量一百三十八億度。有三座船閘，可通過一萬二千噸級輪船及大型船隊。我倚著船舷欄杆，觀賞葛洲壩夜景。壩上燈火通明，月光、星光與燈光交輝，近處如白晝，遠處夜色朦朧，巨壩橫跨兩岸，氣勢雄偉。我看著水閘門緩緩啓開，水位指標冉冉下降，約近一小時，船終於出了閘門。

船在宜昌碼頭停留兩小時，有旅客上下船。我和費先生上岸觀光，我們都是第一次來，街道不熟，碼頭附近馬路燈光暗淡，行人稀少，逛了一小時，未見繁華市區。陣陣寒風迎面吹來，似乎不歡迎遠客，使人有蕭條落寞之感，我們就回船休息了。

第三天上午八點多，船靠監利碼頭三十分鐘，我從船上遠看監利，有幾個大煙囪冒著濃濃黑煙，還有幾個大儲油池，沒見有高樓大廈。碼頭上堆著很多砂石，有百餘名工人在工作，像是興建一項大工程。

今天是長江三峽遊的最後一天，船過監利，我就開始收拾行李。剛收拾好，熊莉和蔡文輝來道別。她們在岳陽下船後，乘火車先至長沙辦事再回益陽，我和費先生他們乘火車至武漢。臨別時她們拜託五位浙江朋友，沿途多多照顧我，像送親人遠行一般的關心。我返臺後，我們互相通信，寄途中所拍攝的照片及賀年卡給她們。我永遠懷念她們，並為她們祝福。

**附註：**

一、一九九三年十月二十日，我隨《秋水詩刊》同仁，去大陸詩之旅，從東北的哈爾濱，經北京、西安，我在西安脫隊，經絲路至烏魯木齊，然後至成都、重慶、武漢，再回安徽老家探親，行程四十六天。我將途中所見、所聞、所感，寫成《萬里江山故園情》遊記散文集出版。這篇〈三峽情思〉，是中南財經大學臺港澳暨海外華文文學研究所所長古遠清先生，摘自該書第二十八篇〈長江三峽遊㈡〉，向黑龍江省旅遊局主辦的《當代旅遊》推荐，在一九九九年十二月第六期刊出。作者在此向古遠清所長致謝。

二、文中提到熊莉和蔡文輝兩位女青年，她們服務於湖南益陽地區棉麻蠶繭公司及再生資源公司，我們在「青城山一日遊」途中相識，她們都愛好文藝，相談投契。知我要去遊三峽，於是結伴同行。文中所說的費先生，是浙江省桐鄉市水利局科長，他率領一個五人考察旅行團，和我住在「天府輪」三等艙同一房間，他們都是三、四十歲年輕人，視我為長者，一路照顧我，為我提行李，真是好人都讓我遇到了，我一直懷念著他們。

# 《紫色香囊》裡的詩情畫意

捧讀涂靜怡新出版的《紫色香囊》詩集，我低徊吟詠，沉浸在那濃郁的詩情畫意裡，欣賞她生命旅途上多彩多姿的秀麗風光。

顏崑陽教授在序文裡說：《紫色香囊》是本情詩集。並將「情」字加以解說：「情」，不必只在於男女，凡對待一切人甚至物，都可以有「情」……「情」在這科技文明高度發達的時代，人類確已逐漸在遺忘存在最根本的東西——「情」或說是「愛」。從日常一些小事，可體會出涂靜怡的至情至愛。十多年來，我和她到郵局去寄發《秋水詩刊》，給海外和大陸的讀者，她說他們都很喜歡我們的郵票。每次她都請櫃台小姐選圖案最漂亮的郵票。有時只須貼一張大額郵票，她卻要換成兩三張小額郵票。她說：「我們要向海外和大陸讀者推銷中華民國，使他們知道有個美好的中華民國存在。」每次寄書都在她中午下班時間，我們空著肚子，在櫃台前站一個多小時貼郵票，然後急忙到路邊攤吃碗麵她趕回去上班。

《秋水詩刊》同仁，曾應邀四次組團訪問大陸進行文化交流，每次出訪，涂小姐都買些臺灣出產的精緻而有紀念性的小禮物，送給大陸的詩友們。投稿的作品刊出後，寄給詩刊必附親筆的溫馨短箋。《秋水詩刊》與大陸詩友之間的深厚友誼，是這樣漸漸培養出來的。

涂小姐出版的十多本詩文集都有送我，我也仔細的閱讀過，真是詩如其人，文如其人。她心直口快，詩文都是暢抒胸臆，從不矯飾。我認識涂小姐已經二十年，在秋水園地共度了二十個春秋。從友情交往中體認她的行誼，從她的詩文裡透視她的人生，使我對她的《紫色香囊》中的詩情畫意有所領悟。

《紫色香囊》詩集選入詩作六十五首，分為驀然回首、前塵往事、冬日小語、旅人的心共四卷，配上六十四幅迷你動人的水墨畫，詩畫相互輝映出怡情悅目的意境。她將〈紫色香囊〉那首詩，重組成四句，擺在封面的裡頁，告訴讀者，她驀然回首的心情。她珍惜曾經擁有的，以感恩的心面對未來：

不再回溯來時路
讓最美好的留在記憶的車廂
只把感恩的好心情
收入惜緣的紫色香囊

她曾度過暗淡的歲月，歷經艱苦的煎熬，但她心無怨尤，而懷著樂觀進取的心走向未來，以感恩的心奉獻國家社會。

在「前塵往事」那一卷裡，〈成長〉那首詩中有這樣的詩句：

讓我們舉杯
在這去舊迎新的
除夕夜
讓我們飲盡挫折
讓逝水帶走所有的怨懟

錦衣玉食的日子
也許誠然可羨
但經過汗水浸過的歲月
恰似歷盡寒霜的臘梅
莫說生命何其短
莫道成長的路途多磨難
只要　只要我們握緊自己的方向
只要　只要我們把利字看淡
都將有撲鼻的花香

伴你
成長

這是作者自做見證，現身說法，對當下失去方向的許多新新人類來說，
是多麼珍貴的啓示啊！

在「冬日小語」這一卷裡，選入雋永的小詩三十二首，其中〈日子〉、〈樹語〉這兩首詩，摘錄於下：

## 日子

如果生命裡
能不斷地注入
新的意緒
單調的日子
就像走在
春天的原野
欣欣然
披上一身綠意

## 樹語

不要憂鬱

不要怨天尤人
隨意折磨自己
像一棵樹
不能一年四季
都要求春天
有了冬天的蕭瑟
才有春天的深意

與涂靜怡常交往的人都知道，她笑口常開，總是充滿著青春活力。並不是她在生活中和工作上，樣樣稱心，事事如意，而是她善用ＩＱ和ＥＱ調適她的應變能力，展現她經營人生的智慧。迎接挑戰，克服困難，保持著海闊天空的心境。

她喜歡旅遊，曾去過三十多個國家，世界上許多著名的古蹟名勝，她都造訪過。她出遊意在求知，以開闊的心胸，去探索人類文明進化的軌跡。

她在〈旅人的心〉這一卷裡，選入〈愛琴海日記〉、〈泰晤士河畔〉、〈

西敏寺〉、〈艾菲爾鐵塔〉、〈滑鐵盧〉等十多首旅遊感懷詩。她在〈泰晤士河畔〉這首詩裡詠嘆著：

雖然　太陽已經漸漸西沉
維多利亞的皇冠已經暗淡
甚至連伊麗莎白女王
也只是英國人下午茶的話題

而多情的泰晤士河
卻依然靜靜地流著

…………

在〈滑鐵盧〉這首詩裡，我摘錄以下的詩句，可知她對文明進化的軌跡觀察入微：

拾級而上
每一舉足

都是從東方到西方的步履
沉沉
如聲聲的嘆息

戰馬踐踏過的痕跡
在呼嘯的冷風中
依稀聽到納爾遜將軍
揮動的劍光錚錚

而你勇猛
仍然巨獅般地
站在至高之處
啊！不知英雄是否可曾落淚
當你想到故鄉——科西嘉

《紫色香囊》裡的詩情畫意

想到甜美可愛的約瑟芬

她回顧歷史，身臨其境的看到大英帝國的沒落，及不可一世的英雄拿破崙的落寞，而為之歔欷慨嘆。

《紫色香囊》裡盛滿的真情大愛，我不能一一列舉，也不是我完全所能領會的。請讀者慢慢地欣賞，盡情的享受吧。

# 《流轉的容顏》讀後感

詩友張清香，贈我《流轉的容顏》詩集，我用心的拜讀，感受到她流轉容顏的清香。在芬芳的氛圍裡，呈現一幅幅朦朧美的畫面。我探索畫面的底蘊，發現她那純真而充滿智慧的心靈。如她〈靜思一得〉裡的詩句：

怎麼選擇都是錯
把一切歸零
零是結束也是開始
情多深愛幾許
留多少去幾分
了然於心
坦然於行

從〈初展的笑顏〉——寫給外孫徐行　那首詩裡：

初展的容顏
啓動了香火傳承的序幕
甜蜜與負荷相隨相生的歲歲年年
太多的祝福與期許
都被深放在心底
唯恐驚動了你初醒的生命

只有耐心地陪伴你長大
在你的笑裡笑
在你的哭裡哭
且記憶你初展的笑顏
在疼惜你的每一分秒

表露出她是一位有傳統美德的新女性詩人。她的詩有真善美的詩質，和溫柔敦厚的品格，為現代詩開拓了新的意境。

# 致就福州大學堂侄汪志發

志發：

你二月二十四日來信收到了。從字跡和語氣可知，你的課業很重，面對的問題，給你很大的壓力，不像上次來信那樣流暢、豪氣、爽朗。希望你堅強的面對現實，克服困難，解決問題，能順利的完成學業。「不經幾番寒澈骨，那得梅花撲鼻香」。

我寄給你的「古體新詩十四行」二十首，你一時尚難理解領會其中意涵，暫收置一旁，遇有煩惱苦悶時，拿出細讀沉思，或可消愁解悶，心境海闊天空。希望你不會困坐愁城，而永遠保持樂觀進取，充滿活力朝氣，發揮你的ＩＱ和ＥＱ的最大的功能，以調適你的情緒和人際關係，在人生旅途上展現才華，創造業績。

時代在快速的前進，但我感受到的，進步的是物質文明，而人文精神活動在倒退。e世代的新新人類，流行一窩蜂的追求享受，是可悲的！我看到一則新聞：大陸上一些富家子弟的大學生，穿戴名牌服飾，駕名牌轎車，進出五星級飯店。他們進大學是為追求物質享受，成為社會的寄生蟲。

人生的價值，是對人類社會有所貢獻，不是佔有供一己享受揮霍。我一向崇尚節儉，知足常樂；求知則貪得無厭，廣泛閱讀。希望你能在專業學識與人文修養兩方面，同樣重視，同步並進，將來成為社會的中堅！我和大媽都很好，勿念。祝你

健康快樂

大父　二〇〇一年三月五日

附近作新詩一首（是「三月詩會」命題詩）

## 問

你可曾想過

日常生活所需
從何而來
你付出了些什麼

你可曾
盤算過　查閱過
你的生命資產負債表
是盈　是虧

我時常責問自己
可有欠債
指望子孫還
有無浪費資源
超享子孫福

致就福州大學堂侄汪志發

# 窮忙的樂趣

我歷任軍公教職四十多年，從事接近社會基層的服務工作。體察民情、關心國事，在流失的生命歲月裡，留下值得懷念的深刻印象。

居齡退休支領月退俸，懷著感恩心歡度餘年。自覺身體尚健，應盡國民義務回饋社會。在職期間曾參加幾個文藝團體為會員，於是就以會員兼義工，投入各項文藝活動。同時我也是社區義工，為鄰里鄉親做些服務工作。空閒時到我住家附近圖書館，閱讀書報雜誌增長見聞。我長期訂閱中央日報，讀到最好的詩文，都剪起來作自修教材。有不少好友贈我詩文集，又參加各項文學藝術研討會，我的精神食糧營養豐富。當我觸景生情有話要說，就寫些詩文投寄報刊發表（不是為稿費）。先後出版了幾本小書，賣點雖不很好，贈送親友增進了情誼，寄贈圖書館都獲謝函。

我妻小我十多歲，有份工作早出晚歸，我也是家庭義工。三個兒女都已成家，常帶孫輩們回來小住，為招待「家賓」忙得團團轉，天倫樂顯在容顏，甜在心窩。有位老同事多年不見，前不久來舍下敘舊。他退休後經商賺了不少錢，言談間卻流露出失落感。當我訴説別後終日窮忙的生活情形，他聽了脱口而出：「我好羡慕你窮忙的樂趣。」

（本文是應「中央日報、金寶山聯合徵文——老寶貝的歡喜生活」）

# 我的人生三部曲

勤勞、節約、儲蓄，是我的人生三部曲。我出生農家，在勤勞節儉的家庭中成長。生逢亂世，戰禍連年，民不聊生。我少年失學，十三歲做童工，每天工作十二小時以上。八年對日抗戰勝利，舉國歡騰，我卻因戰時興起的造紙工廠，紛紛倒閉而失業。十七歲轉往漢口，在伯祖父家戰後復業的茯苓行做學徒，只供吃住沒有工錢，靠住行客人給點小費，伺候行內主管和客人，聽候差遣，我盡力投入做好分內事，獲主管們賞識與客人的好評，每月收入超過一名正式勞工。我很珍惜那些辛苦錢，全數寄回家，以改善父母、兄弟、姊妹一家八口的生活。即將出師升當管帳先生，可支高薪，不料剿共時局逆轉，武漢難保，走投無路，只好從軍。那時軍人糧餉不足，移防行軍支援友軍作戰，或轉移陣地佈防禦敵，疲如奔命，來到臺灣才安定下來。但整編、訓練、備戰，生活仍然緊張，我利用閒暇自修，力圖上進。因體力透支，加之營養不良，患了肺結核病提前退伍。在療養期間，經過多次考試，取得公務人員任用資格，病癒出院即予輔導就業，是我人生旅途一大轉折的起跑點，我懷著感恩心全力以赴。

我就業時正是而立之年，興起成家之念。於是將生活費用，限定在維護身心健康的需要以內，薪資所得剩下的錢，在郵局開設活期存款，及零存整付兩個帳户。四十多年來，這兩個帳户，成了我的搖錢樹，也是我的財神爺，有求必應。使我能順利結婚、養育子女，並使之受良好的教育，立業成家。大女兒所生的雙胞胎外孫，即將入營服兵役了。

我的人生三部曲，雖沒有響亮迷人的曲調，卻伴著我的兩袖清風，平順的度過一生，還餘音繚繞，使我的晚年生活安適自在。唯一使我難以釋懷的是，大自然的生態，及社會人文生態的日漸惡化，不但未見有好轉的跡象，還在變本加厲。人類的未來在那裡？快樂與幸福又在那裡？

現在，社會上有很多人，一窩蜂的追求享受，視尋歡作樂、奢侈浪費為理所當然，置倫理道德於不顧，使社會風氣敗壞，尤其是一些不良青少年，為非作歹，氣燄囂張，已到了走火入魔的地步。我百感交集，憂心忡忡。

當我書寫應徵「全國勤勞節約儲蓄作文」時，忽然意識到，我們在推行全民勤勞節約儲蓄的同時，也要正視奢侈浪費尋歡作樂，對自然生態及人文生態，所造成的嚴重傷害，應加以闡釋，使社會大眾明瞭其間的必然關係，才能突顯勤勞節約儲蓄的重要性，及急迫性。並進而體認到，勤勞節約儲蓄，是人生自求多福的捷徑與保障，也是一個現代公民，應盡的社會責任。

從大自然生態學家，及社會人文生態學者，所提出的研究報告及警訊，發現人類正面臨著生存環境日趨惡化，及人性在朝向逸樂頹廢，與激烈競爭兩極化。這兩大危機，倘不能及時遏止而加以改善，人類的前途實在堪憂慮。

奢侈浪費會刺激生產，大量生產所形成的廢氣、廢水、廢料、及消費者將有用之物棄置變為垃圾，污染了空氣、陸地、河川及海洋。臭氧層被破壞，溫室效應使氣溫上升，冰山被溶化，陸地縮小。倘任其惡化下去，不久的將來，地球將不適於人類生存。另一方面，由於人性墮落與生存競爭激烈，兩者相激相盪，使犯罪率直線上升。誘騙、詐欺、偷劫、貪黷、掠奪財物、殺人放火毀屍滅跡；或玩法弄權陷人於罪，每天都有新聞報導，到處呈現一片亂象與險象。善良百姓提心吊膽過日子，陷於惶惑不安的困境，求助無門。

希望政府能重視，上述嚴重問題的存在，將國民心靈建設，與國家經濟建設，同時並列為施政的大計方針，結合民間力量全力推行，以產生前所未有的，文明與文化的奇跡，為人類樹立向前邁進的里程碑。

（本文是應「中華民國加強儲蓄推行委員會九十年聯合舉辦全國勤勞節約儲蓄作文競賽」而作）

# 後記

文學脫離不了人生，人生脫離不了群眾。我這三本小書，都是書寫人生百態，反映社會現象。為了使讀者看得清楚明白，了然於心，知所惕勵，我的詩文幾乎都是白描（包括以前出版的詩文集），實話實說，真情實寫，直抒胸臆，沒有戴上厚重的「意象」面罩，也不塗脂抹粉，忸怩作態以迷人，這是我的堅持。

我的堅持，是受了國父遺教的啓發。我十四歲那年，拜讀了《三民主義》、《孫文學說》、《實業計畫》這三本大書，而成為國父孫中山先生的信徒，至今整整六十年。此其間，世局的變化，社會的轉型，人性的墮落，與國父的理想背道而馳，相去日遠。為實現國父理想而奮鬥犧牲的賢能之士，不知凡幾，我何許人也，小小的堅持，只能表達我的一點真誠。

我出版的八本書，有六本是「文史哲」出版的。像我這些不迎合新潮流的作品，只有像彭正雄先生這樣的出版家才肯出版。我在此向彭先生表達敬意與謝意。畫家黃錦星先生，為我的三本小書提供精美的三幅封面畫，寓意深切，使本書倍增光彩，我謹在此向黃先生深致謝忱。